Petite bibliothèque
des idées

PARCOURS

Miguel Benasayag

PARCOURS
Engagement et résistance, une vie

Entretiens
avec Anne Dufourmantelle

Calmann-Lévy

ISBN 2-7021-3122-0

*A mi hermano argentino
y francès, François Gèze.*

« Ne pleure pas, Alekos. Pourquoi pleures-tu ?

– Parce que j'ai tout raté. J'ai fait confiance aux hommes, j'ai tout raté. J'ai cru que la vérité, la liberté et la justice comptaient dans l'esprit des hommes. J'ai tout raté. J'ai cru qu'ils comprenaient. J'ai tout raté. À quoi ça sert de souffrir, de se battre, si les gens ne comprennent pas, si ça ne les intéresse pas ? J'ai tout raté.

– Tais-toi, Alekos, tais-toi !

– Je n'aurais pas dû quitter ma cellule. Au moment où ils m'ont libéré, j'aurais dû immédiatement y retourner. Y retourner, encore et toujours. Alors ils auraient compris. Lorsque j'étais dans ma cellule, ils comprenaient. Quand tu es en prison, ils comprennent. Après, ils ne comprennent plus si tu ne meurs pas. Pour me faire comprendre, je devrais mourir, maintenant. »

Un homme, ORIANA FALLACI.

Introduction

Pendant longtemps, je n'ai pu parler de mon histoire, ni de celle de mes amis, ni même de Patricia, ma compagne, assassinée après avoir accouché dans une prison, pendant la dictature en Argentine. Je me demandais : qu'ai-je donc vécu ? Que voient les gens quand ils m'interrogent ? Que peuvent-ils percevoir de ces années de luttes clandestines, de prison, de tortures ? Souvent, je me rends compte que si j'évoque ma vie au hasard d'une question, s'installe presque aussitôt chez les autres une sorte de silence. Je me retrouve le seul à parler. Personne ne peut vraiment souhaiter écouter ce que je réponds, mais nul n'ose plus m'interrompre. Au contraire, on m'interroge plus encore, une espèce de fuite en avant. Et j'éprouve de la honte.

Quand on a été pris dans la machine à broyer de l'humain et que, par hasard, on en réchappe, on se demande encore des années plus tard comment on continue à vivre. C'est une expérience qui vous porte au-delà de ce que les gens peuvent croire ou penser. Quelque chose s'est rompu à ce moment-là, pour moi, de ce lien premier qui nous unit aux autres, quelque chose qui ne s'est jamais vraiment rétabli. Rien ne va plus « comme avant », même si malgré tout je continue à vivre et à désirer.

En sortant de prison, en arrivant en France, j'ai été étonné de rencontrer si peu de gens libres. Je rencontrais des hommes et des femmes qui vaquaient à leurs activités, essayaient de s'enrichir et, surtout, voulaient qu'on les laisse vivre tranquillement, je dirais « distraitement ». J'ai réalisé que la liberté n'a pas à voir avec le fait d'être dans les murs ou hors les murs, mais avec le fait d'assumer ou non les situations que nous habitons, et plus généralement le destin. Or, il faut se rendre à l'évidence, et j'en suis encore étonné moi-même : il est souvent plus difficile d'être libre hors de prison qu'en prison. Être privé de justice, être privé de droit, être privé de mouvements ne prive personne de la possibilité d'accéder à la liberté ni d'engager des actes concrets de libération, d'émancipation. Mais la prison a cette fonction sociale stupéfiante de faire croire aux « acteurs sociaux » qu'ils sont libres simplement parce qu'ils ne sont pas derrière des barreaux.

Or, un homme n'est pas libre comme il serait médecin ou écrivain, il ne possède pas la liberté comme on jouit d'un objet, d'une voiture ou d'une maison. Un homme n'est libre que lorsqu'il assume les épreuves inhérentes aux situations dans lesquelles la liberté s'éprouve, qu'il soit ou non entre des murs. Ma liberté commence quand je cesse de me demander au nom de quoi je meurs à chaque fois qu'on tue des sans-papiers parce que des expulsions musclées se passent mal. Je ne peux pas me demander si je suis concerné par le fait que des enfants du XIXe ou XXe arrondissement de Paris soient déjà condamnés à cause du saturnisme et de l'insalubrité. Je n'ai pas à me demander pourquoi, au nom de quoi je suis solidaire ou pas. Solidaire, je le suis. Être libre, c'est précisément cela, dire non, concrètement, tous les jours, à la misère, à la pollution qui tue au nom de l'économie, à la ségrégation des handicapés ou des vieillards quand ils ne sont pas rentables. Dans ce sens, « la liberté » n'existe pas, elle est une question de devenir, lorsque des êtres participent à des processus multiples de libération.

Nous vivons, au début du XXIe siècle, un temps où, après des années de sommeil, des mouvements de contre-offensive ressurgissent. Je me suis souvent demandé d'où venait cette « démangeaison des ailes », pour reprendre ce passage du *Phèdre* de Platon. Il raconte que les hommes sont des anges qui sont tombés dans le fleuve de l'oubli, à l'exception de certains d'entre eux qui ressentent encore la démangeaison de leurs ailes. Car c'est bien ce dont il s'agit : ne pas oublier la démangeaison des ailes. L'exigence de liberté n'est pas une option possible que certains hommes supérieurs éprouveraient, et d'autres pas. Tous la ressentent, une majorité l'oublient, ou font tout pour l'oublier. Mais en même temps, ce processus de libération à davantage à voir avec des mouvements d'émergence historiques qu'avec une supposée décision héroïque de certains sujets. L'histoire ne se compose pas avec quelques élus, et la notion de sujet de la modernité explique mal la lente et permanente construction de la vie, de la justice et de la liberté de la part des multitudes.

Pierre Aubenque écrit, au sujet du monde grec : « l'inachèvement du monde est la naissance de l'homme ». Effectivement, à un certain moment de l'histoire, sous le faisceau d'une constellation donnée de savoirs, de vie, a surgi ce pari, cette hypothèse, que le monde était un monde inachevé. Et l'idée d'un monde inachevé a donné naissance à l'Occident, à cette hypothèse théorique et pratique d'un monde à construire, à accomplir pour et par le sujet humain de l'histoire. Mais ce n'est pas parce que l'Occident accouche d'un récit mythique qu'il ne produira que des récits. Il produira aussi des pratiques, des actes, qui – en quelque sorte – sont aussi en relation avec cette fameuse démangeaison « ontologique » des ailes...

Dans la recherche de la liberté, de la pensée, il y a une nostalgie de l'être qui, loin de nous rendre plus autonomes, de nous constituer comme des sujets qui s'affrontent au monde, nous rappelle à une harmonie plus ancienne que la volonté humaine. Comme les oiseaux migrateurs qui savent à un moment donné qu'il faut braver les kilomètres, les vents pour migrer, nous restons dans une harmonie quand nous luttons pour la liberté. Lutter pour l'émancipation ne signifie pas se déchirer du tout substantiel auquel on appartient... De ce point de vue, il n'existe pas deux principes, qui seraient le principe de l'individu et le principe de l'être, ou du monde, ou encore de la société comme quelque chose qui existerait en face de nous, dans une pure extériorité ; il existe un seul principe, et plus nous luttons pour la liberté, plus nous construisons des liens, plus nous sommes dans cette harmonie. Le fait d'avoir à assumer ce « devenir libre » dans des actes, loin de nous rendre à un utilitarisme capitaliste, nous rappelle cette profonde inutilité de l'harmonie de l'être.

La vie, en ce sens d'une écologie politique radicale, est profondément inutile. « Tout le monde connaît l'utilité de l'utile, très peu de gens connaissent l'utilité de l'inutile », disait Tchuang-Tseu. Il y a une profonde inutilité de la vie. Mais cette profonde inutilité de la vie introduit des choses utiles pour la vie. L'écologie politique radicale que je défends nous apprend que l'utilitarisme produit des choses non seulement inutiles pour la vie, mais aussi très dangereuses. Aujourd'hui, cette démangeaison des ailes, cette assomption de la liberté, de la vie, passe par une lutte contre l'utilitarisme capitaliste et néo-libéral. Nous devons nous rendre compte qu'il y a là un front de lutte, une véritable frontière. L'homme du confort croit que le confort est équivalent au bonheur, or, le bonheur du confort est un bonheur en toc, un bonheur qui nous rend esclaves. Esclaves d'une temporalité fausse, parce que le confort ne permet que des succédanés de plaisir entretenus par la circulation monétaire et par la loi du profit. Il y a une forme de spatialisation capitaliste, utilitariste qui produit en permanence des choses « utiles » économiquement, mais « inutiles » pour la vie. Alors qu'assumer « l'inutilité » ontologique et profonde de la vie signifie pouvoir construire et produire des choses qui sont « utiles » à la vie ; c'est là que passe la frontière. « Inutiles » sont, entre autres, la création, la solidarité, l'amour, le partage... la vie.

I

Un combat

ANNE DUFOURMANTELLE :
Votre histoire s'écrit entre deux pays, l'Argentine, où vous avez participé à la guérilla avant d'être incarcéré, puis la France, où vous avez été contraint à l'exil, même si celui-ci vous a sauvé la vie, puisqu'il a permis votre libération. En Argentine, vous étiez un combattant engagé dans la guérilla. En France, on vous a vu d'abord comme une victime. Comment avez-vous vécu ce passage ?

MIGUEL BENASAYAG :
Quand on arrive dans un autre pays pour recommencer une autre vie, on peut toujours raconter son histoire, sa ville, sa nostalgie même. Mais il existe un autre exil, qui redouble le premier ; seulement, lui, il est intraduisible. Je voudrais parler d'une chose très secrète, profondément ensevelie, je voudrais parler de la honte éprouvée à avoir tant souffert. Il m'était impossible d'en parler auparavant, même dans mon analyse, ici en France, je ne l'ai évoquée que de façon détournée, jamais ouvertement. C'est apparu

dans mes livres par bribes, mais c'est un sentiment qui ne m'a pas quitté et qui m'accompagne toujours intérieurement. Quelqu'un qui a trop souffert devient sale.

Ce n'est pas évident à comprendre dans nos sociétés judéo-chrétiennes, où celui qui a souffert a du pouvoir. Il suffit d'écouter les gens raconter religieusement leurs opérations, leurs malheurs. Certaines fois, il y a là une exhibition de la souffrance, des récits doloristes qui finissent par ressembler à de la pornographie. Mais celui qui a traversé la douleur est crédité d'une certaine puissance. Et celui qui agonise sur une croix depuis deux mille ans est élevé au rang d'un dieu !

Cette idéalisation de la souffrance n'est pourtant qu'un versant des choses. L'autre versant, dont on ne parle jamais, c'est la honte, la honte d'avoir autant souffert. On arrive comme sali, souillé par une souffrance qui, à nous-mêmes, nous semble impossible à porter. Cette souffrance, c'est pour moi le fait d'avoir été torturé, d'avoir été emprisonné tant d'années, d'avoir perdu celui qui était mon demi-frère et celle qui était ma femme, cette honte d'être le seul survivant, ou presque, de notre groupe d'amis et de résistants. Souvent, on m'a reproché de ne pas confier de choses personnelles, mais je ressentais toujours la honte tapie dans les récits des gens qui racontaient leurs tortures, leurs guerres... Et, à la fois, il y a cette vérité de la souffrance qui ne passe pas. Il y a le rescapé pour qui l'horreur est toujours là, irrévocablement.

La sensation que j'avais, et que je continue d'éprouver souvent, est celle d'arriver à une fête dans un jardin où les gens s'amuseraient tranquillement. Il y aurait là de la lumière, des chemises blanches, de la beauté, une gaieté de vivre. Chacun voudrait en être, partager cette insouciance heureuse, et même les exilés auraient leur place : la France est une exception en Europe, un des rares pays où existe une pratique réelle de l'accueil. Une grande partie de la population française perçoit l'étranger non pas comme celui qui représente « toute la misère du monde » mais « toute la richesse du monde ».

Dans cette fête-là, je me sens, moi, comme déplacé, comme si un brûlé, un accidenté, amputé d'un bras ou d'une jambe, venait soudain interrompre la musique. D'un coup, il vient rappeler non seulement la fragilité mais aussi la faiblesse, le sang, les cris, la souffrance... Tous ces gens savaient que ces choses-là existaient, mais être dans la peau de celui qui les incarne, ce n'est pas être seulement celui qui vient rappeler l'existence de la douleur physique (quand je suis arrivé en France, j'étais encore très abîmé par les traitements qu'on m'avait infligés), c'est être soi-même porteur de l'irréparable. Si tout à coup je me mets à parler de ce que j'ai vécu, c'est comme si je souillais cette fête tranquille. Je contamine l'autre. Je ne peux pas dire : « Vous savez, ma femme, celle que j'aimais, Patricia, on a attendu qu'elle accouche, et quand elle a accouché on l'a torturée, puis on l'a balancée d'un avion dans le fleuve, et l'officier de la marine qui s'occupait de cette tâche était attendu par un aumônier au sol qui lui donnait l'absolution. » Je ne peux pas raconter ça,

21

je ne peux pas raconter comment on me torturait, et toutes ces années de prison... Parce que si je raconte ce que j'ai vraiment vécu, tout de suite, la situation change, se corrompt. On est trop près de l'horreur.

Je voulais évoquer ce double exil parce que c'est un exil qui ne s'efface jamais, qui, même lorsque je retourne chez moi, en Argentine, persiste. Même (et peut-être surtout) en Argentine, les gens ne veulent pas non plus qu'on les contamine avec ça. Ils savent très bien qui vous êtes, mais ils préfèrent parler de politique. C'est bien, moi aussi.

On évoque souvent la honte du survivant comme un sentiment indépassable, une blessure dont on ne se remet pas. Cet exil dont vous parlez, qui se redouble intérieurement de la honte de contaminer l'autre par un excès de souffrance, ne réside-t-il pas aussi dans cette solitude intraduisible de celui qui a survécu ?

Au départ, quand je suis arrivé en France, rien ne disait que j'allais survivre. Lorsque les militaires argentins sont venus nous chercher en prison, en 1978, nous étions quatre Français : moi et un camarade appartenions à la guérilla guévariste, l'ERP (Armée révolutionnaire du peuple), tandis que deux autres étaient des *montoneros*, le mouvement politique et armé de la gauche péroniste, largement majoritaire alors dans la contestation à la junte. Personnellement, je ne connaissais aucun autre pays que l'Argentine, je ne parlais que l'espagnol, mais ma mère, originaire de France, avait conservé sa nationalité et m'avait inscrit au consulat à ma naissance. C'est à peu près le seul lien que j'avais avec ce pays.

D'abord, sans qu'on sache ce qui nous attendait, les militaires argentins nous ont fait passer deux jours dans le lieu où ils m'avaient torturé, ce qui m'a rendu fou ; après, on nous a expédiés par avion en France. À bord, il y avait des députés et des sénateurs, beaucoup d'officiels français venus nous chercher. C'était Maurice Papon qui s'était occupé de l'affaire, tout cela pour couvrir la mort de deux religieuses françaises et pouvoir continuer à vendre des armes aux militaires argentins. Quand je me suis retrouvé à Paris, j'étais en dépression totale, sans doute pour la première fois de ma vie. Jamais je n'avais été aussi triste, sauf après la torture et dans des moments de décompensation totale. Tant que j'étais en sursis en prison, les morts n'étaient pas morts, alors que là, il fallait se rendre à l'évidence : j'avais survécu, j'avais sauvé ma peau, et donc eux étaient vraiment morts. Il n'y avait plus personne de mon groupe, de ceux qui m'avaient été le plus proche. J'étais mal à Paris comme après la torture, lorsqu'ils me cachaient dans les sous-sols du palais de justice de Buenos Aires, le temps qu'on puisse marcher et se présenter devant un juge.

Et puis, ici, je me suis rendu compte que la torture, c'était fini. Mais tout de suite après, étant donné l'attitude plutôt enthousiaste et active de l'ERP à Paris, à nouveau j'ai oublié la question d'être un survivant ou pas. Survivant, ce n'est pas un état civil ou une raison sociale. Depuis la France, des actions continuaient à être menées, et il n'était pas évident du tout que je continuerais à passer au travers. Mais j'ai survécu. Il y a alors, c'est sûr, cette sensation très douloureuse d'abandon que j'éprouve parfois. Je pense : ils m'ont oublié dans le monde des vivants, ils m'ont laissé tout seul... Quelquefois, je rêve que Patricia, ma compagne, et mon frère Rafi, avec lesquels je formais à l'époque un petit groupe, sont là, dans la maison de ma belle-mère. Tous, nous pleurons parce que nous nous retrouvons, et je leur dis : « Mais vous êtes morts ? – Oui, on est morts », et puis ils ajoutent : « Bon, d'accord, nous étions très proches, c'est vrai, mais maintenant va-t'en. » Et je leur demande : « Mais pourquoi ? – Parce que toi, tu dois aller vieillir, nous, on va rester comme ça, tous les deux. » Et je me réveille en pleurant.

La honte dont vous parlez n'est pourtant pas celle d'être un survivant.

Je ne me sens pas tout à fait ainsi, dans le sens où le survivant est la preuve « vivante » qu'il y a eu des morts. Pour moi, tout se passe comme dans le poème d'Atahualpa Yupanqui : « *en nosotros nuestros muertos/ para que nadie quede atras...* » (« en nous sont nos morts pour qu'aucun ne reste seul en arrière »).

C'est dire que mes morts sont restés en moi... vivants. Le projet qui nous unissait

24

demeure, et dans l'espoir de sa réalisation, il est impossible de séparer réellement ce qu'ils ont fait de ce que je continue à réaliser. Nous avions commencé une œuvre commune, et leur engagement, leurs actes continuent à déterminer à chaque moment ce qui m'anime ; c'est la raison pour laquelle ils ne sont pas tout à fait morts et que peut-être, moi non plus, je ne suis pas tout à fait vivant.

La honte dont je parle n'est donc pas celle d'avoir survécu, non, la honte dont je parle, celle que j'ai toujours ressentie, est d'avoir transmis à mes enfants, à mes proches, cette boue, cette souillure. En ce sens, j'ai échoué, en essayant à la fois de leur transmettre la joie de la révolte et du combat pour la liberté, tout en cherchant, en même temps et en vain, à les protéger de l'horreur de l'histoire. Tout s'est mélangé. Je n'ai pas su les protéger, j'espère au moins leur avoir transmis un peu de cette joie. On me dira que « c'est la vie », mais cela me fait mal d'y penser.

Comment se sont passées vos premières années d'exil ?

Pour la plupart des gens, vivre, c'est avoir une stratégie personnelle, avec des objectifs à soi. J'ai réalisé cette banalité il y a très peu de temps seulement. Je n'avais jamais vécu comme cela parce que j'avais milité très jeune, vers seize ans, j'avais vécu dans la guérilla puis j'avais été emprisonné. Ces univers d'ordre, d'une certaine forme de rigueur, m'avait tout à la fois très bien convenu et façonné. Durant les premières années de l'exil, je fonctionnais au fond exactement comme en détention ou dans la résistance.

Longtemps, je me suis levé à 5 heures du matin pour aller travailler à l'hôpital, je fais toujours une heure de gym, j'ai une vie austère, de très grande discipline. Pendant longtemps, je rentrais du travail et je ne pouvais pas enlever mes bottes, je ne pouvais pas me déshabiller, je ne pouvais pas posséder des choses, j'avais des flashs constamment. Par exemple, j'ai toujours été hanté par les photos de mes camarades, morts, avec les pieds nus. Mes camarades morts étaient toujours pieds nus. Cela m'obsédait. Je n'arrivais pas à enlever mes bottes. Ou encore, j'étais angoissé quand je prenais ma douche, j'avais en mémoire ces images du moment où l'on venait vous chercher. Il ne fallait pas qu'on vous trouve nu, c'était l'horreur. Il fallait être habillé, prêt.

En arrivant, j'ai eu très vite un poste en pédopsychiatrie dans un hôpital de province, et je ne me suis pas inquiété d'en changer. Je me sentais de passage. Je ne pouvais pas faire de plans personnels de carrière. J'étais décalé par rapport à la vie, je n'avais même pas l'idée de prendre des vacances, de sortir le soir, de construire une vie sociale. Quand on m'invitait à dîner, c'était une souffrance, j'apportais une table des matières où j'avais recensé tout ce qui me paraissait important de parler avec ceux que j'allais voir. Et je n'avais qu'une hâte, rentrer chez moi, travailler, étudier.

Vous avez pourtant une expérience person-nelle de résistant, de survivant à la torture, mais aussi de penseur. Ne pensez-vous pas qu'il est important de la partager ?

J'ai cru pendant longtemps que l'expé-rience personnelle ne devait pas entrer en ligne de compte. Je disais, par exemple, que ce que nous avions fait ou pas n'était pas très important, qu'il fallait essayer de pen-ser seulement en termes rationnels... Mais en exil, j'ai réalisé qu'il m'était difficile de parler aux autres, parce que mon expé-rience était si lourde que les gens ne pou-vaient pas parler avec moi. Je me disais : peu importent les expériences, ce qui importe, ce sont les hypothèses. Après, je me suis rendu compte que les hypothèses puisent leur force du fait d'être incarnées.

Ce n'est pas la même chose de parler quand on a traversé tout ce que vous avez tra-versé, que de le dire simplement par convul-sion de la conscience.

Effectivement, la différence, c'est qu'une convulsion consciente est toujours soumise à une contre-convulsion. Alors que l'expérience que j'ai vécue comporte une asymétrie onto-logique. Aussi bien ce que j'ai vécu avec les Indiens dans des luttes concrètes, avec les camarades, que la certitude qu'il ne suffit pas d'être en prison pour ne pas être libre ; ces choses-là ne sont pas des opinions, elles sont irréversibles. Mais je m'en suis rendu compte seulement des années plus tard. Pendant quelque temps, pour essayer de ne pas être trop « martien », pour essayer d'entrer en contact avec des gens, j'ai tenté de parler. Parce qu'il y a une place pour l'ancien combattant de la guérilla en France, c'est la place de celui qui raconte des choses lourdes, et cela donne des frissons à certains convives, mais il n'y a aucune place pour quelqu'un qui prétend que tout ce qu'il a vécu ne compte pas autrement que comme un élément de ce dans quoi il continue de s'engager aujourd'hui.

Durant les premières années de l'exil, j'avais appris la langue comme un forcené, à toute allure, et je me souviens que je jouais à être « Michel », l'hyper-intégré en France. Une fois, j'étais avec des jeunes, au bord de la mer, à Royan. C'était un soulagement. Je quittais un peu mon milieu, qui restait quand même alors surtout celui des exilés comme moi. L'un de ces jeunes était comédien et expliquait qu'à son avis, vivre, c'était apprendre à faire des concessions, surtout pour un comédien, parce que sinon personne ne vous donne de rôle. Moi, je disais non, je ne crois pas. Et il me lançait : « Si, parce que sinon, tu imagines... le prix à payer ! » Au bout d'un moment, j'ai dit : « Le prix à payer, je crois que je le comprends, tu imagines bien pourquoi j'ai débarqué ici. » À l'époque, j'étais encore très abîmé. J'ajoutai : « Je pense que ça vaut largement la peine de le payer, ce prix. » Mais mon propos a suscité une vraie agressivité à mon égard, on me reprochait ma prétention à donner des leçons aux autres. On me rétorquait : laisse-nous vivre notre vie. Si j'avais raconté la torture à longueur de dîner, cela aurait encore passé, mais si je disais à l'autre : « Tu n'as qu'à tenir le coup comme j'ai tenu le coup », c'était inadmissible. Alors j'essayais à tout prix de ne pas être isolé. J'ai élaboré cette théorie selon laquelle il fallait oublier l'expérience, et pensé que tout ce qui comptait, c'étaient les hypothèses. Spinoza m'a beaucoup appris. Spinoza est redevable avec la dernière cellule de son corps de ses positions philosophiques. Il est la figure même de l'exclu, et pas seulement de sa communauté, il est celui qui n'a jamais eu un poste de professeur. Il est celui qui, à sa mort, n'a rien laissé, une fois que le propriétaire s'était payé le dernier loyer. Ses arguments sont des arguments du corps, parce que pour Spinoza, l'éthique est dans le corps. Il ne va pas la placer dans la tête. Spinoza, c'est l'anti-Descartes. « On ne sait jamais ce qu'un corps peut. » Il ne dit pas : on ne sait jamais ce que notre petite tête peut penser. L'éthique de Spinoza est une éthique du corps.

Alors aujourd'hui, je suis tout à fait revenu de cet effacement de l'expérience. J'accepte un certain isolement, ce que j'ai vécu avec les autres est là.

Comment raconter, alors, ce que vous avez vécu, le sens de cet engagement ?

Les gens me demandent souvent pourquoi certaines personnes s'engagent, et d'autres pas. Dans leur tête, tout se passe comme si

nous étions tous des « spectateurs atten-
tifs », guettant le bon slogan, le bon stimu-
lus pour s'engager. Pour eux, devenir
résistant serait ainsi une qualité commune à
tous, comme si l'être humain était polyva-
lent et qu'il pouvait, selon le hasard, développer indifféremment une activité ou une
autre. Comment est-ce possible ? L'engagement n'est pas une activité optionnelle que
nous choisirions selon notre envie. Ce n'est
pas « fromage ou dessert ? ». Le phénomène fonctionne plutôt dans un autre registre : la vie se déroule et on se reconnaît
petit à petit au travers des engagements, des
luttes, des travaux qui finissent par dessiner
notre identité. Mais à vrai dire, celle-ci n'est
jamais d'une intimité étanche. Bien au
contraire, au plus profond de nous-même,
nous trouvons l'époque.

Contrairement à ce qu'écrit Camus dans
Le Mythe de Sisyphe, ces différents rendez-
vous assumés ne relèvent pas du hasard, pur
et capricieux. Ils se renvoient les uns aux
autres, ils tissent autour des noyaux ontolo-
giques de chaque situation le fil d'une existence singulière. On ne se trouve jamais à
un moment de notre histoire où l'on pourrait soudain s'exclamer, en regardant en
arrière : voilà ce que j'ai fait, et supposer
ainsi une intimité avec « soi-même » capable de contempler avec étonnement et extériorité ce que « soi-même » a fait. Tout ce
qu'on peut dire, c'est : voilà, je suis cela.

L'existence précède l'essence, oui, et
aucune essence humaine n'aborde des situations différentes en restant toujours égale à
elle-même.

Cela dit, je comprends bien que me poser à moi la question de l'engagement n'est jamais innocent. Je vois l'inquiétude qui la sous-tend. Les gens se disent : « Pourquoi a-t-il pu faire de la résistance, subir ce qu'il a subi et continuer ? », comme si on demandait à quelqu'un comment faire pour porter un fardeau. Or, pour tout dire, je suis le fardeau. Il n'existe pas un Miguel, ou Pierre, ou Paul, doué de ce petit truc qui le pousserait à s'engager. Nous ne sommes jamais dans la position imaginaire d'être des individus « purs », prêts à assumer tel ou tel destin. Au maximum, tout ce qu'on peut raconter est comment s'assume le destin. Si on ne le fait pas, il revient comme une fatalité quand on essaye d'y échapper. Or, le destin n'est pas autre chose que la « donne » : ce que nous sommes, en comprenant par là une multiplicité mêlée à d'autres multiplicités qui créent des situations.

Il n'y a pas *un autre côté* du miroir. Tout un chacun sait – avec un savoir qui se fonde sur une profonde asymétrie ontologique – plus ou moins de quel côté il doit aller, penser ou agir dans les situations où il se trouve. Il le fait, ou pas ; cela le regarde. S'il le fait, c'est tant mieux pour tout le monde, car la liberté, la joie, passent par la composition des singularités entre elles. S'il ne le fait pas, c'est tant pis pour tout le monde, y compris pour lui, bien entendu, car la vie de celui qui ne résiste pas (dans le sens où résister égale créer) est une vie qui devient un entonnoir absurde.

Je ne suis pas un commissaire politique ou un maître penseur qui distribuerait des bons points. Malheureusement, dans la vie, les choses sont d'une simplicité affligeante. Il existe une chanson de Jean-Jacques Goldmann qui dit : « est-ce qu'en Allemagne nazie, j'aurais eu le courage de résister », avant de conclure : « nous mourrons sans savoir ce que nous avions dans le ventre ». C'est tout bêtement faux.

Les gens me demandent aussi, non sans une certaine théâtralité, si, dans une situation de danger, ils auraient été résistants ou collabos. Ils s'imaginent déjà décorés par la Légion d'honneur et se voient avec un si joli béret basque penché à gauche, un foulard noué autour du cou, et un œil d'aigle au cœur de l'action. Mais, disent-ils, ils ne seront jamais... Or, voilà que le néo-libéralisme extermine lentement mais sûrement des populations et des pans entiers de vie. La misère, la tristesse, la douleur règnent en maîtres. Et les gens, mis à part quelques brefs élans, ne bougent pas. La réponse tombe dès lors de son propre poids.

À vrai dire, quand j'ai commencé à sortir, à voir des gens, j'ai réalisé une chose étonnante et douloureuse à la fois : les gens « normaux » aussi ont peur. Je quittais une situation où j'avais vécu jour et nuit avec des camarades qui avaient peur ; vraiment peur. Peur de la torture, peur de la mort, peur de la délation. Où il fallait se convaincre de ne pas se laisser gagner par la panique. J'étais même devenu un spécialiste de la peur, je m'étais habitué à en guetter la plus légère manifestation. Petit à petit, ici, je me suis mis à reconnaître les mêmes symptômes que j'avais observés en Argentine, mais chez des gens qui vivaient sans être menacés – des collègues, des voisins.

On pourrait croire que les gens sont davantage habités par la peur quand ils ont quelque chose à perdre, ou face à un danger imminent. Or, en réalité, vous dites que c'est un phénomène imaginaire, qui a étonnamment peu de rapports avec la réalité extérieure. Quelqu'un qui n'a objectivement « rien à perdre » peut éprouver une peur terrible, et celui qui a beaucoup à perdre peut ne pas avoir peur…

Peur, moi j'ai toujours eu peur. Je ne suis pas quelqu'un qui n'a pas connu la peur, au contraire ! Je l'ai dépassée parfois, mais je la connais bien. En revanche, je constate qu'elle a instauré un décalage qui, pour moi, est maintenant irréparable. N'étant arrivé que très tard dans le « monde normal », j'ai observé ceux qui y habitaient comme je le faisais avant dans les centres de tortures, dans la guerre. Il y avait une grande solitude, en prison. Il fallait tenir coûte que coûte. Nous étions dans une cellule, sachant qu'à n'importe quel moment un gardien pouvait entrer et appeler l'un de nous à la torture. Nous discutions ensemble quand nous le pouvions, mais chacun était seul avec sa peur.

Je ne m'attendais pas à retrouver autour de moi cette même solitude dans la vie de tous les jours, cette peur de vivre, d'être entamé, de parler, d'assumer. Je ne comprenais pas qu'en France, ces adultes

33

respectables, arrivés, installés, puissent ainsi se soustraire à la moindre exigence. Défendre une position de principe dans une réunion administrative sans enjeu leur paraissait déjà énorme. C'est là une constatation de chercheur, pas une constatation morale : on peut vivre quotidiennement dans la peur, que l'on soit ou non en présence d'un danger imminent.

Ne pensez-vous pas que les événements exceptionnels qui ont marqué votre vie risquent d'altérer votre vision, dans la mesure où la plupart des vies n'y sont pas confrontées, et de ce fait, peut-être, ne trouveront jamais comment exercer ce courage de vivre qui se révèle dans un tel destin ?

Quand je regarde ma vie, j'ai envie de rire, je me rends compte que c'est une caricature, une biographie. Pas une vie. Mais l'exceptionnel n'a aucun sens si on en prend acte en dehors de la vie quotidienne. « L'extraordinaire » permet au contraire de saisir la mesure de l'ordinaire, et c'est avec ces yeux-là qu'il faut le regarder.

Ce que je relate de la guérilla ou de la prison est spectaculaire, j'en suis bien conscient, simplement, les expériences du dépassement de soi-même sont plus quotidiennes et plus banales que ce que nous croyons – par exemple, dans la création artistique, dans l'amour d'un couple ou envers les enfants, dans des actes de solidarité. Si des êtres composent ensemble, dans l'amitié ou dans l'amour, ils vivent concrètement un dépassement de l'individualisme. Il n'y a là nul besoin de se mesurer à des expériences extrêmes. À un moment donné d'une relation, on prend des positions politiques. Avec les gens qu'on aime, on est présent même quand on n'est plus là, et les choses qu'on a données poursuivent leur route toutes seules. Quand je lis un auteur, je ne sais pas s'il est mort ou vivant, la plupart sont morts, mais je suis pourtant en train de dialoguer avec lui, de composer ici avec lui. Ce sont des expériences fondatrices. Il y a un au-delà de nous-mêmes dans lequel nous sommes.

Cette joie semble, pour vous, être indissociablement liée à l'engagement... Sauriez-vous dire quand tout cela a commencé pour vous ? À partir de quand l'idée d'engagement a-t-elle pris sens – radicalement ?

La manière dont je serai amené à parler de l'engagement risque de paraître aujourd'hui encore presque incompréhensible, et tout particulièrement en France. Il y a, aux yeux de l'Indien métissé que je suis, un étonnement qui perdure devant l'idiosyncrasie française, devant précisément cet agréable détachement que cultivent les Français. Individuellement et collectivement, il semble qu'une espèce de distance avec le tragique soit toujours de mise dans ce pays. La France n'est pas l'Allemagne, elle n'est pas assaillie par des questions métaphysiques, on peut penser et brusquement changer d'avis ; l'inconstance est même plutôt bien perçue, elle témoigne d'une capacité à toiser avec ironie et détachement, émotionnellement parlant, le problème envisagé. Cette mise à distance est même une sorte d'idéal. Le fait d'être détaché de la situation est dans la culture française une valeur suprême. On le voit bien dans le cinéma français où le héros, souvent, est un « antihéros ». Il est celui qui finalement ne se laisse entamer par rien, ou bien, si quelque chose le ravage quand même, à la Gainsbourg, il conservera la capacité d'ironiser avec la vie, selon une focale particulière, par l'absurde, pourrait-on dire. Dans *La Chartreuse de Parme*, Stendhal nous offre l'image parfaite de cet antihéros quand Lucien, impuissant et perdu, observe de loin le déroulement fatidique de la bataille de Waterloo. D'ailleurs, en France, on se méfie beaucoup de l'amour du tragique des Latins, et de notre prédilection pour toutes les formes de révolutions. Et, effectivement, l'Amérique latine que j'ai connue enfant était ce continent où des peuples entiers vivaient dans un véritable éveil.

Dans les années 60, l'Argentine a vécu une tempête libertaire – mais pas uniquement libertaire ! J'ai le souvenir très clair, étant gamin, d'être posté à l'un des carrefours de la ville, et de regarder passer une file de tanks qui se dirigeait dans un sens (un coup d'État se préparait), puis de voir revenir la file de tanks en sens inverse (on savait qu'il avait eu lieu). Ou, par exemple, en allumant la radio le matin, d'entendre de la musique militaire. Nous savions alors que tout le monde allait avoir peur. Je me souviens, par exemple, d'avoir vu des sacs de documents et de livres cachés dans les maisons par des militants qui craignaient une rafle. Pourtant, la répression n'était pas encore trop grave, et nous avions plutôt l'impression de vivre un moment unique de l'histoire. Nous avions vaguement conscience que le régime militaire et ceux qui l'appuyaient étaient très dangereux, mais qu'il se préparait aussi des choses magnifiques. À l'intérieur de cette peur, on percevait comme une promesse, qui s'immisçait partout comme le sable. On ne pouvait s'empêcher de mâcher, de respirer la promesse. C'était l'Amérique latine en route ! Il y avait toujours un « oncle » qui revenait de « l'île », qui avait vu le « Che » et nous parlait de Cuba. Nous avions le sentiment de participer presque depuis l'origine à ce qui, aujourd'hui, semble difficilement croyable : ce moment historique où plus des deux tiers de la planète ont connu, comme le disait David Cooper, un orgasme social.

Nous avions cette conviction, jusque dans notre chair, de vivre « en direct » la fin d'une époque qui ne pouvait que s'achever et le commencement d'une autre... Il n'y avait pas de distance entre ce qui *nous* arrivait en tant que personnes, et *ce qui arrivait*.

Souvent, je suis surpris par la manière dont on raconte Mai 1968 en France. Le *nec plus ultra* semble être d'avouer s'être promené l'air ahuri devant les barricades en regardant ces pauvres dupes qui étaient là et qui, « eux », y croyaient. À nouveau, apparaît cette figure de l'antihéros, volontairement dans la distraction, qui aurait traversé Mai 1968 sans être affecté. Alors que dans les événements auxquels nous avons pris part, il n'y avait aucune distance entre eux et notre vie.

Vous parlez de la distraction comme le fait Pascal du divertissement. Il semble là y avoir pour vous quelque chose d'une extrême gravité. La distraction, en ce sens, ce serait presque une distraction d'exister, une absence à soi-même et à la vie qui viendrait en fausser le sens, l'engagement ?

Oui, il y a là, pour moi, un axe essentiel, et là, on dépasse évidemment largement cette particularité culturelle française dont nous parlions. On a tous tendance à vivre dans cette « distraction », cet oubli, à comprendre dans le sens où Heidegger parle de l'aliénation du souci. Nous sommes sans cesse sollicités par des questions techniques ou économiques, une sorte de harcèlement permanent, qui nous détournent de toute interrogation sur le sens de la vie. Il ne s'agit pas là d'un détail, loin de là, car par ces mécanismes-là, des millions de gens sont réduits à la survie.

Je fais là aussi référence à d'anciens révolutionnaires, parce que je connais aussi des survivants qui ont continué à vivre distraitement jusques et y compris en prison. Et puis, il y a ceux qui n'y arrivent plus... surtout après avoir vécu certains événements. Seulement, cela provoque un étrange décalage. Ce décalage n'est pas du mépris pour ceux qui vivent dans l'insouciance, bien au contraire... L'impossibilité que j'ai de me laisser distraire – qui est pénible parce que exagérée – et que j'assimile à l'engagement est liée, sûrement, à ma vie. Chaque fois que j'ai pu vivre des moments d'insouciance et de légèreté, j'en ai été heureux. Ne pas continuer à vivre par distraction ne s'oppose pas à l'insouciance. Et cela n'implique pas non plus une vie baignée dans une angoisse permanente. Il s'agit de se poser la question : « pourquoi sommes-nous là ? » d'une manière radicale.

Cette distraction, justement, ne s'ancret-elle pas dans un sentiment que seule la mort nous engage, ou plutôt qu'elle seule donne le sens à un engagement ? Vous avez, concrètement, risqué votre vie pour la résistance. Que signifie risquer sa vie ? La vérité, l'intensité d'un engagement se mesurent-elles à cette aune ?

À l'époque où notre groupe était le plus actif, beaucoup de monde essayait d'entrer en contact avec nous. Mais à chaque fois qu'un nouveau venu se présentait, nous avions peur. Il y avait, certes, le danger réel de tomber sur un délateur, mais le plus grand risque était celui que prenait la personne à la minute même où elle entrait en contact avec nous (et nous le savions) parce que, de ce fait, elle risquait sa vie. Et il est arrivé plus d'une fois qu'une de ces personnes ait juste le temps de prendre rendez-vous avec les clandestins avant de tomber entre les mains des militaires. Ce danger était une véritable obsession. Aujourd'hui, où ce danger physique n'existe plus, moins de gens osent se révolter. Cela ne cesse pas de m'étonner. Pourtant, le système est toujours liberticide. Ce qui constitue notre lutte implique l'invention d'un nouveau mode de vie, et la capacité de se désaliéner. Et sans exagérer, c'est une lutte beaucoup plus redoutable que celle pour laquelle nous risquions notre vie. Ceux qui ont vécu ces événements et qui aujourd'hui n'arrivent pas à comprendre l'importance de cette lutte ont en fait déjà abdiqué.

Il est courant de penser que le fait de risquer sa vie entraîne une adhésion plus immédiate, plus « vraie » que l'engagement de celui qui participe à un combat sans mettre en danger sa vie. Ce n'est vrai que si l'engagement est préalable au fait de risquer sa vie. Risquer sa vie en soi ne sert à rien. Parce que l'engagement ne naît pas face à une situation de danger, de menace, mais toujours d'un excès – d'un excès de vie. L'engagement, dans ce sens, n'est pas un idéal. L'idéal est seulement l'une des périphrases que la vie produit. Et à ce titre, ce qui s'est passé dans les années 60 (et ce qui se passe encore dans les mouvements d'émancipation) est une véritable poussée de vie, une révolution joyeuse accompagnée de toutes sortes de ramifications : amoureuses, artistiques, politiques, philosophiques.

Contrairement à ce qu'affirment des penseurs comme Derrida, je crois que le sens de nos actes, de nos engagements n'est pas seulement quelque chose dont nous pouvons

« rendre compte » à la fin de notre vie, en comprenant la fin comme étant la fin de la vie biologique. Je trouve cette posture faussement mélancolique, parce que dans la vie réelle, la fidélité à soi-même, à *un* soi-même, devrait prendre en compte ce que dit Plotin dans les *Ennéades* : « Personne ne peut dire : jusqu'ici c'est moi... » Le « soi-même » auquel nous voulons rester passionnément fidèles inclut en même temps l'univers, notre réalité et notre époque. En ce sens, la fidélité à soi-même est quelque chose qui, à chaque moment d'une vie, peut se mesurer et se constater, sans attendre cette « catastrophe mineure » qui est la mort biologique.

Il n'est pas nécessaire d'évoquer un faux tragique de la mort pour nous rendre compte qu'en définitive, ce que nous vivons est « réellement » une vie. Je suis convaincu qu'en chaque situation, nous savons si nous sommes, ou non, fidèles au désir de liberté, de pensée, qui nous meut, ou si nous faisons « les distraits » pour éviter de relever le défi.

Je pense, suivant en cela Leibniz, qu'on ne traverse jamais le Rubicon, au sens littéral du terme. En effet, César et le Rubicon font partie d'un même et unique monde, indivisible, faits d'une infinité de gestes, d'actes, de fidélités qui mènent à un « César traversant le Rubicon », sans qu'on puisse imaginer un seul instant qu'il y aurait un individu, César, face à un Rubicon, qu'il choisirait de traverser ou non. Le geste théorique, la décision finale, le pari au bord du vide sont autant d'images d'une reconstruction après-coup, d'un constat a posteriori de ce qu'une construction quotidienne avait rendu tout simplement nécessaire.

Autrement dit, l'assomption de la liberté, celle de la justice, de l'amour, sont des actes infinitésimaux qui ne se jouent pas comme des paris « au bord du vide ». Je crois que le lancer de dés de Mallarmé est plutôt à comprendre en amont, comme toute la lente et humble construction qui nous permet à un moment donné d'arriver à ce point où nous devrons éventuellement prendre un risque concret dans nos vies. Je veux dire par là non pas que nous ne sommes jamais dans la position de celui qui ne doit jamais s'engager, s'entamer, risquer un pari. Mais qu'on n'arrive pas là par hasard. Il ne faut pas imaginer que, dans des vies tranquilles et conformistes, un beau jour, le voile terne du quotidien se déchire pour placer les gens face à un vide vertigineux dans lequel il faudra se jeter ou pas. Voyez, c'est un tout petit peu ridicule, comme si un petit fonctionnaire de la vie – métro-boulot-dodo – s'arrêtait un jour donné pour se poser la question : « Être ou ne pas être. » Dans un cas pareil, il vaut mieux lui dire : « Sois, Marcel, Sois. »

Il s'agit au contraire de réaliser qu'à l'inverse de ce mythe du choix et de la décision héroïque, il faut opposer un idéal de construction quotidienne de travail et de fidélité, qui nous conduit en effet à des choix, des paris douloureux et incertains. Sartre écrit que nous nous engageons toujours dans l'ignorance. Il est vrai, mais pour arriver à ce point-là de l'engagement qui se joue sous la forme du pari pascalien, il faut un énorme travail d'étude et de persévérance. Je vais vous donner un exemple. Un jour, le psychiatre phénoménologue Louis Binswanger, en faisant sa visite de malades, trouve un homme qui s'étouffe, qui n'arrive pas à respirer. La situation paraît urgente. Alors Binswanger, à la surprise générale, se jette sur l'homme et commence à l'étrangler de ses mains. Personne n'ose les séparer, mais l'angoisse est énorme. Au bout d'un moment, Binswanger lâche l'homme qui, cyanosé, tombe à terre. Tout de suite après, il se met à respirer normalement. Voilà, Binswanger parie dans l'ignorance du résultat positif. Il ose jeter les dés. Mais il arrive à ce point-là après trente-cinq ans de théorie et de pratique de psychiatrie phénoménologique. Il y a un acte. Il y a un pari. Le résultat n'est pas joué d'avance. Mais tout menait Binswanger à cet acte et ce pari-là. Notre époque d'individualisme et de libre arbitre aime faire l'apologie de l'acte tout en oubliant les trente-cinq années qui nous y conduiront.

La question est plus quotidienne, plus petite, c'est, j'y reviens : « Pourquoi sommes-nous là ? » Là commence l'engagement... Ce ne devrait pas être une question angoissante, parce qu'elle appartient à cette espèce de quotidienneté qui fait irruption dans ce qu'on appelle « les états de grâce », dans l'amour, dans la compréhension d'un concept, dans la participation à une insurrection, dans la création ou la contemplation. Il y a des moments où, tout à coup, fait irruption dans le quotidien la certitude de ne pas vivre « distraitement ».

II

Argentine

Miguel Benasayag, comment devient-on résistant ?

Dans ma famille, nous parlions beaucoup. Une partie de ma famille est mélangée à des Indiens de la population Guarani (comme beaucoup d'Argentins), mon arrière-grand-père, lui, est venu du Maroc, de Tanger, il était juif séfarade. Ma mère, juive française, a fui la France lorsque les nazis ont occupé Paris. Elle a pris le bateau et s'est retrouvée avec toute sa famille à Buenos Aires. Elle avait huit ans. Bien des années plus tard, j'ai fait le voyage inverse, une sorte d'aller-retour, lorsqu'à mon tour, menacé par la dictature argentine, j'ai trouvé refuge à Paris. C'est en effet grâce à la nationalité française de ma mère que j'ai pu être libéré de prison, avoir la vie sauve et être accueilli ici.

À Buenos Aires, pendant mon enfance, nous habitions un quartier populaire dans lequel il y avait, entre autres, des réfugiés juifs de la Seconde Guerre mondiale qui, comme ma mère, avaient fui Hitler. Je savais que sa mère avait failli disparaître dans les chambres à gaz, je connaissais leur fuite à travers l'Italie, l'Espagne. Mais, dans le même quartier, il y avait aussi des nazis, y compris des officiers, qui, eux, étaient venus se cacher là après la victoire des alliés. Ce mélange façonnait notre vie, chaque jour.

Lorsque Eichmann, lui aussi planqué en Argentine, a été arrêté, cela a rendu furieuse cette communauté de néonazis. Pour se venger, ils ont tué une jeune femme juive communiste. Ils lui avaient inscrit la croix gammée sur les seins avec des lames de rasoir. J'étais alors à l'école primaire, je m'en souviens très bien. On en parlait beaucoup. Je suis sorti avec une craie et j'ai dessiné des croix gammées pendues sur les murs. Je pensais que c'était la chose à faire, on voyait toujours apparaître des gens de la résistance qui peignaient des consignes sur les murs à la nuit tombée, et j'étais tout bêtement incapable de les lire. Je les avais peintes, mais je croyais que personne ne savait que c'était moi.

Le lendemain, j'étais dans la rue avec mon père et soudain arrive un néonazi (on les reconnaissait à leur manière de s'habiller, très chic), il s'approche et efface les croix gammées pendues que j'avais dessinées. Je l'ai vu arriver avec horreur, mais je pensais que j'étais en sécurité, que mon père allait lui casser la gueule. Alors mon père m'a dit, et j'ai cru que j'allais m'évanouir sur place : « C'est toi qui as fait ça, non ? » Je me suis dit, mais comment peut-il savoir ? En fait,

tout le monde savait que le petit Miguelito... Alors il m'a dit : « Bon, va la
refaire ! » Or, le néonazi était là, et il venait
d'effacer la croix pendue. J'avais peur, mais
j'ai pensé : « Il doit savoir ce qu'il dit... »
C'est d'ailleurs comme ça que je suis
devenu, plus tard, officier de la guérilla. S'il
faut faire quelque chose, je le fais. Alors j'y
suis allé, j'ai recommencé la croix gammée
pendue. Le néonazi y va et l'efface encore
une fois, puis il vient vers nous. Et je me
suis dit : « Là, maintenant, voilà, mon père
va te démolir. » Mais mon père ne l'a pas
démoli, il n'a rien dit. Ça ne m'a pas décou-
ragé, la preuve, c'est que je continue. Mais
j'aurais préféré que le « commandant » de
l'époque, mon père, qui m'avait ordonné
l'action, assume sa part comme j'avais
assumé la mienne.

Pour l'anecdote, en tant que psychanalyste, je sais très bien que plus d'une fois,
des dizaines de fois, j'ai gagné mes galons
et ma réputation parce qu'il m'était impossible de céder à la peur : il m'était impossible de revivre cet épisode-là. C'est une
explication psychologisante, mais elle est
en partie vraie, je crois. Et plus d'une fois
je me suis vu dans des combats, à des
moments où l'on a plutôt envie de creuser
un trou et de disparaître ; avoir plutôt la
réaction contraire. Je me mettais debout
et j'avançais, cette réaction-là (de peur)
était un repoussoir. Cela n'explique rien
politiquement, mais c'est vrai que je n'ai
pas le mérite de la liberté totale, il y avait
un élément de surdétermination dans le

fait que c'était moi l'idiot qui se levait pour aller au combat.

Dans quel climat baignait l'Argentine, à l'époque ? Vous insistez souvent sur la joie qui faisait partie intégrante de l'élément de la révolte. La joie appartient-elle nécessairement au développement de la puissance comme l'un des moteurs qui animent toute vraie révolte ?

Pour nous, pour les autres, cela allait de soi, cette espèce de certitude, de réponse, dans une réalité qui deviendrait de plus en plus belle. Nous inventions quelque chose avant d'en avoir la théorie. Nous avions découvert que nous n'étions pas là pour changer la société argentine, nous ne nous demandions pas comment allait se répartir la plus-value ou comment nous allions procéder à la réforme agraire. Notre problème, concrètement, se posait au jour le jour. Je veux dire que, contrairement à ce que l'on pourrait croire, on ne commençait pas à militer dans la résistance avec une sorte de « modèle du monde » auquel il nous fallait parvenir.

Nous inventions une nouvelle forme de vie, là, dans chaque quartier, dans chaque usine, dans chaque université, avec quelques milliers de combattants et de camarades. L'élan de liberté et de révolte qui nous saisissait développait sans cesse de nouveaux rapports à la réalité. Moi, j'étais fasciné par tout ce qui se passait, je voulais y participer.

48

Il y avait eu des théâtres populaires, il y
avait des comités dans le quartier, l'école
devenait intéressante parce que les institu-
teurs voulaient enseigner différemment, les
cinémas aussi, les rapports amicaux, amoureux. Si on était curieux, on allait participer
au moins à un mouvement de théâtre
d'avant-garde. Comme j'étais très curieux,
j'ai tout essayé. En 1967, j'ai pris contact
avec un groupe de surface de la guérilla. Un
groupe de surface, c'était un groupe qui était
engagé dans des activités non combattantes
de la guérilla. Le plus important, c'était le
développement de la puissance, c'est-à-dire
le désir de changer la vie ici et maintenant.
Alors l'antipsychiatrie, le théâtre alternatif,
l'art, tout y passait. Par affinités, on dérivait
d'une activité à l'autre, moi, j'étais plutôt
boulimique de vie… C'était enivrant, et petit
à petit nous rencontrions les gens des mouvements armés, c'était le même milieu, les
mêmes lieux. Pendant longtemps, j'ai évité le
rapport aux armes, jusqu'au jour où j'y ai
été directement confronté.

La première fois que je suis entré en
contact sciemment avec un groupe armé,
c'était par l'entremise de gens très proches
de la contre-culture. J'étais très jeune. On
se retrouvait au commissariat ou en prison
à partir de quatorze ans, on était pris, on
en sortait, on pouvait appartenir à des
mouvements de quartier, des mouvements
indigénistes, des mouvements étudiants. Mais
tout à coup, je me suis retrouvé en liaison
directe avec un mouvement de guérilla
armé. Je me souviens très bien de ce jour-là,

j'étais invité à une réunion par un groupe de cinq filles. Tout ce que je savais était qu'elles s'intéressaient au théâtre alternatif. Un jour, c'était, je me souviens, un dimanche soir, deux d'entre elles m'ont dit que nous pourrions parler « sérieusement ». Je me souviens du visage grave qu'elles avaient pour me dire cela, évidemment, je leur ai répondu que oui, je le voulais bien. Quand je suis arrivé à la réunion, il y avait cinq filles un plus âgées que moi, mais très jeunes. Je savais que c'était important. Une fois arrivées sur place, elles m'ont dit ce qu'il en était...

Le fameux moment de la décision est un mythe ; peu à peu, nous devenons ce que nous sommes, et d'un autre côté, quand je revois ces cinq filles si jolies, cela me fait sourire de penser à ceux qui imaginent ces décisions prises comme un vertige au bord du vide. Non, en réalité, ce sont toujours des petits pas, ce n'est qu'après-coup que l'on peut discerner, peut-être, quelques moments privilégiés.

Donc, ce jour-là, avec les filles du « théâtre alternatif », je me souviens très bien du choix qui s'offrait, soit je les quittais en disant que je n'avais rien entendu, soit je restais. Mais j'ai dit : « Oui, ça m'intéresse. » Depuis ce jour jusqu'à celui où j'ai tiré les premiers coups de feu, plusieurs années se sont écoulées, et je continuais à avoir une vie exactement comme avant dans la contre-culture...

Ce qu'il faut comprendre, c'est qu'il n'existe pas d'individus opprimés par le système, il n'existe pas de pauvres gens qui souffrent passivement de l'oppression et qu'il faudrait libérer. Pour le dire autrement, il n'y a pas de visage derrière le masque. La libération est toujours une construction de nouvelles possibilités, et c'est la raison pour laquelle, à aucun moment, nous nous trouvons acculés « au bord du vide », à cet endroit où nous devrions prendre une décision fatale. En France, les résistants furent des catholiques progressistes qui avaient voté pour Blum, puis il y eut les Espagnols métèques qui avaient tant d'années combattu le fascisme, et sont venus les rejoindre des gens qui peu à peu ont construit leur chemin de liberté. Il n'existe pas de « réveil » pour la simple raison que les gens ne sont pas endormis ! Les gens adhèrent au système, font eux-mêmes partie du système, et particulièrement quand ils souffrent. Ce n'est pas vraiment un scoop : déjà, dans *De la servitude volontaire*, de La Boétie...

Il y a des figures héroïques qui appartiennent au moment historique que vous avez traversé en Amérique latine, comme le Che Guevara, ou David Cooper pour l'antipsychiatrie. Nous faut-il des héros pour animer les résistances ?

Le Che, moi, je ne l'ai pas connu, je ne l'ai aperçu qu'une seule fois. J'étais en prison avec le frère du Che, l'armée dont je faisais partie était fondée par le Che, c'était quelqu'un qui nous était très proche. Les rapports que nous avions avec lui étaient

51

ceux d'une potentialisation de la puissance, et non pas ceux qui nous auraient liés à un leader avec un trait identificatoire commun. Un jeune Autrichien a expliqué son suicide en disant : « Moi, ça ne m'intéresse pas d'être chrétien, mais de faire comme le Christ. » Quand un homme s'identifiait au Che, on pouvait craindre qu'il ne soit pas un vrai combattant. Ceux qui adhéraient à la figure du Che, ceux-là vénéraient une image, tandis que ceux qui participaient au mouvement révolutionnaire ignoraient ce rapport de fétichisation à l'image du Che. Pour moi, très concrètement, le Che évoque de multiples choses : une époque, tout d'abord, une vie de penseur qui a surpassé la séparation entre les mots et les actes, un Argentin plus ou moins sympathique, un combattant, quelqu'un d'intéressant, mais en réalité, le fameux « Che » est le nom d'une série d'inconnus, hommes et femmes, le nom d'une multitude d'êtres qui rejettent la tristesse, qui fabriquent la joie d'un monde moins prisonnier de l'accaparement capitaliste.

Et puis, il y a eu David Cooper. Dans les études de médecine, c'étaient les premiers temps de l'antipsychiatrie ; nous avons été, à cette époque, en rapport avec David Cooper quand il est venu en Argentine. Patricia, ma compagne, est allée le voir. Nous avions un rapport d'amour et de reconnaissance évident avec David Cooper, parce qu'il nous permettait de penser certaines choses qui auraient été impossibles auparavant. Il instaurait un rapport de camaraderie très proche, de confiance et d'amitié.

Que l'homme ou la femme avec qui nous entretenons un rapport d'amour et de reconnaissance soit vivant ou mort ne modifie pas l'intensité du lien ; dans le deuil aussi, il y a des moments où nous allons au-delà de la perception de l'autre en tant qu'individu. La mort aussi reste très relative. Si nous assumons la multiplicité, l'effet de la mort physique est relatif ; le mouvement initié par cet être-là persiste dans le temps. David Cooper, en l'occurrence, était bien vivant. Il arrivait en Argentine, et ce qu'il venait nous dire était très subversif ! Pour nous qui participions aux communautés thérapeutiques de l'époque, qui voulions penser la psychiatrie autrement, qui participions aux mouvements de contestation de la psychiatrie, le rapport que nous avions avec lui comportait beaucoup d'amour. Est-ce que ceci créait un rapport de leader, avec l'aliénation que cela suppose ? Je ne crois pas. Alors, bien entendu, il y a des gens qui admiraient le Che, Cooper, ou d'autres, d'une manière « héroïque ». Ce sont des figures, des images et des noms propres qui circulent comme le passe-montagne de Marcos, qui devenait le visage de tout le monde. Au-delà de certains quartiers petits-bourgeois, il était impensable d'aller dans une communauté indienne et de penser que, pour eux, le Che était un leader ; c'était quelqu'un, au contraire, qui, comme le fils qui avait fait des études de droit, disait : « tu sais que du point de vue du droit, on a le droit de se révolter », et venait ainsi légitimer des pratiques. Il y a parfois des légitimations pratiques qui sont absolument essentielles. Nous savons aujourd'hui que des Indiens occupent des milliers de kilomètres carrés au nord-ouest du Brésil, et leur existence, leur combat potentialisent notre action subversive. À l'inverse, pour ces Indiens-là, très concrètement, le manifeste du collectif « Malgré tout » que nous avons écrit, ils l'ont adopté en se disant que si, nous, les intellectuels guévaristes ex-guérilleros l'avions écrit, cela signifiait qu'ils avaient raison de se battre !

Sur quoi se fondait la révolution en Amérique latine ?

Le politique, dans le sens habituel donné à ce terme, n'était pas notre objectif. Le politique, c'était la vie. Parmi les centaines de camarades que j'ai connus, je n'en ai pas rencontré un seul qui s'imaginait dans l'avenir comme maire ou député. Nous tous, officiers, combattants, sympathisants, nous pensions continuer plus tard notre existence, comme tout un chacun, éloignés de la vie publique. La médecine, pour moi, c'était un accident. Je voulais être psychanalyste, mais surtout philosophe, et finalement, ce rêve, je l'ai accompli aujourd'hui. L'idée du militant politique qui pourrait vivre son engagement comme un métier nous semblait repoussante. Nous nous sentions appartenir à cette tradition de la lutte qui animait San Martin ou Bolivar, pour lesquels on fait ce qu'il faut faire parce qu'on est des hommes et des femmes libres, pas comme des gens qui entrent en politique.

La révolution en Amérique latine a échoué bien avant que la répression ne s'abatte sur le pays et que les militaires n'aient réussi à pousser la guérilla dans la logique messianique de l'affrontement. En laissant de côté, en considérant comme périphérique, ce qu'il y avait de plus intéressant dans nos pratiques, c'est-à-dire de véritables contre-pouvoirs dont je parlais tout à l'heure, nous sommes lentement tombés, comme qui glisse sur une pente savonneuse, vers la logique où la prise de pouvoir devient l'objectif central.

Dans toute contestation à cette époque-là, cette question était posée : fallait-il considérer ou non le pouvoir comme le but final ? C'était très compliqué. Tout se passait comme si, à l'ombre de cet objectif général, une vie nouvelle émergeait déjà, mais cet aspect des choses était la plupart du temps considéré comme secondaire par beaucoup de membres de la guérilla elle-même. Je me souviens par exemple de deux dirigeants très populaires de l'ERP, issus d'un bidonville où ils travaillaient, qu'on avait réquisitionnés pour une action de haute envergure. Tous les deux disparurent au cours de cette attaque-là. Mais la perte fut beaucoup plus grave que celle de deux combattants : l'organisation populaire dans ce bidonville-là perdait d'un seul coup des années de travail. C'était toujours comme ça. La direction nationale de la guérilla respectait bien sûr beaucoup le travail de double pouvoir, mais elle se comportait à la fois comme si ce travail de base avait eu comme objectif fondamental le développement d'un vivier à combattants.

Je me souviens d'une nuit blanche où je dictais à Patricia un très long document de critiques de cette tendance militariste de l'organisation. J'y expliquais que cette violence issue du peuple risquait de se séparer de lui, par avant-gardisme.

On a fini le document vers 6 heures du matin. Immédiatement, je l'ai porté au responsable. Mais le lendemain, je devais assurer une action militaire, seule façon de rendre ma critique acceptable. Il fallait essayer de devenir parmi les meilleurs et assumer le combat armé, sinon aucune remise en question ne portait face à la direction de l'ERP, dont la tendance majoritaire était militariste.

Mais qu'on gagne ou qu'on perde, militairement parlant, on échoue dès lors qu'on se place dans l'optique d'une politique où la prise du pouvoir représente l'objectif central. À partir du moment où l'on est pris dans cette course-là, au pouvoir, à la représentation, on perd toujours. Quand on entre dans une guerre d'appareils, celui de l'État contre celui de la révolution, la cause de l'émancipation est la première victime. Le vrai échec des mouvements révolutionnaires des années 60-70 n'est pas un échec de la révolution, c'est l'échec dû à la canalisation de la puissance du multiple vers des voies de représentation du pouvoir. J'ai d'ailleurs moi-même connu les deux expériences.

En Argentine, lorsque l'ERP est entrée dans cette logique de la prise de pouvoir et donc de l'affrontement, nous avons été militairement dévastés.

Au Nicaragua, nous avons vécu le dénouement inverse, nous avons gagné la bataille, mais pourtant le résultat fut le même. En 1980, l'ERP avait été appelée en renfort par les sandinistes, qui tentaient d'en finir avec la dictature de Somoza. Les commandos argentins ont occupé le bunker de Somoza, qui s'est enfui au Paraguay. Quand, depuis là-bas, il a essayé d'organiser la Contra, ces mêmes commandos sont allés l'exécuter. Au Nicaragua, nous sommes entrés dans la logique de la représentation : mais si nous avons bien gagné avec les armes, pris le pouvoir, nous avons perdu là aussi, au bout du compte. Les commandants victorieux n'ont pas pu prolonger cette victoire, la cristalliser par un régime de justice. Pas parce qu'ils étaient humainement pires que les autres, ou qu'ils avaient la mauvaise ligne politique : parce que le pouvoir est le lieu de l'impuissance.

Nous savons très bien que, au Nicaragua, les Américains ont vraiment mis le paquet, des millions de dollars pour attaquer le « jeune pays libéré ». Ce furent quelques milliers d'hommes sans foi ni loi embauchés par la CIA qui attaquèrent de toutes parts. Ceci, je ne l'ignore pas. Je ne minimise pas la force du « gendarme du monde », et d'ailleurs, si on l'avait minimisée, l'ERP n'aurait pas considéré comme nécessaire l'exécution de Somoza. Simplement, c'est le problème de la discipline pyramidale. De très larges fractions du peuple suivaient au Nicaragua cette force révolutionnaire. La direction garantissait un certain « savoir », d'où elle puisait sa légitimité. Mais voilà qu'une fois au pouvoir, tout fout le camp. Plus on vise le pouvoir central, plus on vise un fantasme. Il va bien falloir un jour tirer l'enseignement de cette constatation quasi universelle.

Prenons Mitterrand. Lui arrive aux commandes par des élections pacifiques. Il s'entoure de ce que la France fait de mieux en matière d'intellectuels. Et, à l'instar des putschistes sandinistes, il doit accepter six mois plus tard qu'il ne pourra pas tenir son programme. Donc, si le pouvoir n'est pas le lieu de l'impuissance, je ne vois pas comment expliquer tout ceci. Autrement, on tombe dans des explications personnalisées, des accusations sans fin et un peu ridicules.

Quand la deuxième Internationale prend par exemple le pouvoir quelque part, ceux de la troisième Internationale communiste disent que tout va mal parce que c'est la deuxième qui dirige et pas eux. Quand la troisième Internationale prend le pouvoir, c'est à la quatrième de faire la critique. Nous avons même été tentés, figurez-vous, de créer une cinquième Internationale. Il en existait un embryon. Enfin, il vaut mieux abandonner cette voie-là.

Il y a aujourd'hui toute une vague de camarades qui ont en commun la préoccupation de la construction de la puissance au contre-pouvoir, pour ne pas tomber dans le piège de la politique classique, axée sur la prise du pouvoir. Les gens commencent à faire une grande différence entre ce qui est pensé seulement au niveau de la « terrasse », c'est-à-dire uniquement au niveau de la conscience, et ce qui est au contraire une parole « pleine », derrière laquelle il y a, pour ainsi dire, un corps. Même en Argentine, où on me garde une tendresse pour avoir été un membre reconnu de la guérilla, il y a toujours quelqu'un, à une réunion, pour me demander avec une certaine méfiance : mais est-ce que tu n'as pas derrière la tête un programme, un parti, quelque chose ?

La vie cherche des axes de développement, aujourd'hui quelque chose de vital se développe sur le versant de la multiplicité. En réalité, les grands mouvements sociaux, les grandes tendances anthropologiques et historiques fonctionnent comme une série de processus sans sujet – le sujet est l'illusion du capitalisme. L'histoire procède par ruptures et émergences successives que personne ne décide. Il s'agit de comprendre que la pensée symbolique fait partie de ces émergences, que ce n'est ni l'avant-garde, ni une conscience extérieure au système, ni personne ressemblant de près ou de loin à un ingénieur qui décide de ce qui doit être.

Quelles seraient les racines historiques conduisant vers cette tendance des contre-pouvoirs ?

En 1920, Rosa Luxemburg avait déjà une intuition, encore assez vague, que la véritable puissance de la révolution est la multiplicité. Dans une lettre à Lénine, elle écrit : « Ne nous laissons pas fasciner par la question de l'État. » Elle dit cela avec la même conviction que Lot quand il sauve les sept justes qui restent dans la ville. Mais lorsque Rosa Luxemburg dit qu'il vaut mieux sacrifier le pouvoir que sacrifier le communisme, elle ne dit pas qu'il faut arrêter la révolution, ce que vont comprendre les partis communistes, la social-démocratie au pouvoir. Au contraire, elle affirme : l'éthique, ce n'est pas être amoureux du pouvoir. Elle ne dit pas : abandonnons l'exigence communiste, au contraire, elle met en garde contre cette fascination du pouvoir qui condamne la multiplicité qui a existé dans les premiers soviets, et qui, avec les mencheviks au pouvoir, avec le développement de l'industrie, de l'éducation, aurait peut-être imprimé à la révolution un autre devenir. En aucun cas, Rosa Luxemburg n'a fait de mouvement de recul, comme l'ont dit les staliniens en appelant ses partisans « les conseillistes » (ils étaient pour les conseils ouvriers). Elle aura cette illumination précoce : attention, l'objectif de la puissance n'est pas le pouvoir, ce peut être un moment de la puissance. C'était une idée tellement minoritaire qu'effectivement les groupes révolutionnaires ont tenté l'autre hypothèse, la plus simple. On voit bien, d'ailleurs, comment Lénine passe lui de ce côté, comment il va juguler les soviets, comment les syndicats deviennent une courroie de transmission du parti. Il aura la préoccupation du pouvoir, exclusivement, cette logique qui privilégie la primauté de la raison d'État au nom de laquelle le pacte germano-soviétique sera par exemple signé.

Or, cette hypothèse commence aujourd'hui à être abandonnée, et la seule possibilité qui apparaît est celle de la multiplicité. Se fonder sur la multiplicité ne suppose pas la négation du niveau de la représentation, du pouvoir, mais le refus de la suprématie incontestée de ceux-ci. Entre la représentation et la chose, c'est la même différence qu'entre la fièvre et le thermomètre. Une politique du pouvoir consiste à vouloir guérir la fièvre en changeant le thermomètre. Il faut aussi préciser que, pour moi, la représentation ne s'oppose pas à la multiplicité réelle : elle en est une dimension et pour ainsi dire la partie qui aime s'autoproclamer : « le tout ». Nous ne sommes pas obligés de le croire. Le niveau de la représentation n'est pas un niveau ontique ni illusoire, dans la mesure où il ne se détache pas comme négation de la multiplicité.

C'est drôle, parce que dans mon histoire personnelle, j'ai toujours pensé que ce niveau-là, il ne fallait pas le dépasser, que là se trouvait à l'époque l'unité de notre groupe. Dans les documents que nous écrivions avec Patricia, ma compagne assassinée par la dictature, la position de notre petit groupe était celle qui se situait du côté des contre-pouvoirs, sans chercher à prendre le pouvoir. Mais là réside aussi la raison pour laquelle nous étions déjà minoritaires dans la résistance en Amérique latine. Dans l'ERP même, nous ne constituions pas même une tendance dans le mouvement.

Je me souviens de certaines de nos positions de résistants dans les bidonvilles, nous disions qu'il fallait travailler à ce développement de la multiplicité, de la créativité, que le quartier n'était pas d'abord une réserve où recruter des combattants. Il y avait des combattants aussi, mais ce développement à la base n'était pas pour nous le prétexte, l'habillage d'une finalité réelle qui aurait été la lutte armée et la prise de pouvoir généralisée.

Il s'agissait de comprendre quelque chose de difficile, c'est-à-dire que ce qui se passait dans ces lieux était « ce qui devait se passer », c'est ce qui participait de manière infinitésimale à l'émergence de nouvelles formes de sociabilité, de contre-pouvoirs. La rentabilité d'une lutte, c'est une idée capitaliste. La vie qui lutte à travers nous, la vie qui pousse à travers nous, elle gagne toujours. Il n'y a pas de perte dans ce sens-là. Il faudrait parvenir à être dans un rapport à notre propre vie comme si elle ne nous était pas personnelle. Notre vie est seulement une vie à laquelle nous participons. Dans un acte de liberté, la cause, l'objectif et les moyens sont tous confondus.

On va vous accuser de reprendre la pensée marxiste dans son acception la plus dure...

Dans ce cas, je vous rappelle que Marx n'a jamais donné de « modèle à suivre ». Ou bien vous faites référence à des régimes totalitaires qui se réclamèrent du marxisme. Il est grand temps d'en finir avec ce terrorisme intellectuel-là. C'est comme si on n'avait pas le droit de se dire chrétien à cause de Torquemada et l'Inquisition ou la banque Ambrosiano. Or, parmi les gens que j'aime le plus, se trouvent mes amis chrétiens de la théologie de la libération. De la même façon, je m'inscris dans la filiation de la pensée de Marx en refusant ce terrorisme qui associe Marx et Pol Pot.

Marx ne parle que du développement de la multiplicité. Il ne dit pas que l'essentiel est de prendre le pouvoir, faire un parti... Cela, Marx le nie, puisque pour lui le capitalisme n'a même pas besoin d'une classe capitaliste. Marx est très spinoziste, dans ce sens-là. On a tendance à le lire à partir de Hegel, alors qu'il y a chez lui une radicalité du côté de Spinoza. Il ne dit pas de quel côté il y a une *Aufhebung* de la multiplicité. Je ne suis pas un marxiste doré, je l'ai beaucoup lu et je défie quiconque de trouver dans ses écrits l'idée de l'*Aufhebung* ; c'est justement la critique que fera Lénine à Marx. Dans *L'État et la révolution,* Lénine adresse cette critique à Marx par rapport à la guerre civile en France de 1871 (la Commune), en disant : il manquait la conception d'une *Aufhebung*, c'est-à-dire d'une avant-garde, d'un parti, d'un groupe « d'ingénieurs de l'histoire » qui obligeraient les gens à suivre le chemin de l'histoire. Au contraire, nous pouvons lire et comprendre Marx à partir de la pensée de l'émergence, des qualités émergentes, et nous voyons alors comment Marx analyse l'apparition d'un mode de production qui ne correspond plus au développement des forces productives. Ce changement, jamais Marx ne dit qu'il doit être conduit par une avant-garde qui déciderait « au bord du vide » d'opérer et d'agir. Marx parle depuis ce qu'il observe dans les différents niveaux de coordination de la lutte ouvrière, mais le pas que franchiront Lénine, puis Staline, n'était pas chez Marx.

Ce que nous avons compris à la lumière de l'histoire, c'est que si, de surcroît, la commune avait été centralisée, il aurait été plus facile de la vaincre. Je ne suis pas en train de dire : il ne faut pas assumer l'affrontement, puisque je n'ai fait que ça toute ma vie ! Mais il y a une différence entre assumer l'affrontement et tomber dans sa logique.

Quand j'ai rencontré Sartre, à mon arrivée d'Argentine, pendant le premier temps de l'exil, cet aspect d'un mouvement révolutionnaire l'intéressait peu. Il ne voulait discuter que de la guérilla. C'est quelque chose que je regrette dans ma vie, j'aurais aimé parler avec Sartre de ces choses...

Quelles étaient justement avec Sartre, philosophe de l'engagement et de la théorie de la situation, vos discussions à ce propos ?

Quand je me suis installé à Paris, j'ai écrit quelques articles sur le développement des contre-pouvoirs (la puissance) dans *Les Temps modernes,* laissant de côté l'aspect plus classique de la guérilla. Or, Sartre était convaincu à cette époque-là que c'est seulement au sein d'un groupe en fusion, révolutionnaire, que l'individu dépasse ses propres limites. Je n'étais pas d'accord. S'il avait pu vivre l'élan révolutionnaire dans la pratique, il aurait compris le problème que posait une philosophie de la situation, qui avait été paradoxalement pensée hors situation. Dans la situation, on comprend quelque chose d'autre.

Sartre trouvait que j'avais une vision très optimiste des choses. Lui voyait la société en termes cartésiens (avec le pessimisme de Hobbes), où la norme est celle d'individus isolés. Selon Sartre, ceux-ci ne peuvent dépasser leur isolement et s'unir qu'à de rares moments de luttes collectives intenses, des sortes de parenthèses où les individus prennent conscience de leur capacité à se constituer en sujet multiple. Surgit alors ce que Sartre appelle, dans la *Critique de la raison dialectique*, le « groupe en fusion ». Pour Sartre, ce « groupe en fusion » se forme non pas comme un mouvement ontologique d'auto-affirmation de l'être, mais comme un mouvement surajouté, jouant sur l'opposition fraternité-terreur, qui fonctionne à l'intérieur du groupe. D'où son pessimisme radical.

Il pensait que cet épisodique groupe en fusion modifiait la structure (« le practico-inerte »), mais que, une fois le changement provoqué, chacun redevenait un individu isolé.

Pour lui, cette figure-là était indépassable. Il y a ce « tant pis » chez Sartre qui l'a conduit à appuyer l'Union soviétique. Avec David Roussel, il a pourtant dressé le premier tribunal antistalinien, où ils ont dénoncé, parmi les premiers, les camps et les goulags. Mais comme il était pessimiste philosophiquement, Sartre estimait quand même qu'il faut faire avec ce qui est, puisqu'il n'y a pas, à vrai dire, pour lui, de mouvement d'auto-affirmation de l'être.

Là est précisément la raison pour laquelle on pense *avec* Sartre mais pas *comme* Sartre. Pour moi, la composition, qui dépasse la sérialité des individus isolés, est quelque chose d'ontologique. Avec de bonnes et de mauvaises rencontres, mais ça ne fait que composer ou décomposer. On peut voir ces mouvements dans le système capitaliste comme une sérialisation, qui crée l'impuissance et la tristesse, ou les développer dans un sens positif, vers la solidarité et l'amour.

Mais attention : je pense qu'il existe une asymétrie fondamentale et fondatrice entre la composition et la décomposition, c'est-à-dire entre amour et haine, entre égoïsme et solidarité. Si ce n'était pas le cas, si destruction et création s'équivalaient, il n'y aurait plus de société, plus de culture, plus de vie. Force est de se rendre compte que l'être est parce qu'il y a une asymétrie.

Nous disons : le communisme, dans le sens de communauté (et non celui de parti, encore moins d'Union soviétique), est ontologie. Dans une société, tout rapport humain doit avoir un minimum de « communisme », de partage, un minimum d'amour et de justice pour exister. Paradoxalement, ceci est vrai aussi chez les « méchants ». C'est ce que pose saint Augustin dans *La Cité de Dieu* quand il parle d'eux : entre méchants, ils doivent garder un minimum de gentillesse, sinon nous en serions déjà débarrassés, ils n'existeraient tout simplement plus. Entre eux, les méchants, on le sait, multiplient à cette fin les règles de « gentillesse ».

Vous êtes décidément très spinoziste...

Je suis spinoziste du moment que je pense que la seule chose qui existe, c'est le bien, la puissance. Il y a des mouvements qui vont vers l'amoindrissement de ceux-ci (le capitalisme), et il existe quand même un bien qui cherche à se développer. Pour nous, le mouvement de composition que Sartre voit exclusivement dans le groupe en fusion n'est pas l'exception, mais la règle. Il n'y a pas besoin d'un affrontement, comme le veut Sartre, pour que ce mouvement ait lieu. En chaque situation, les éléments ne sont pas dénombrables en vertu d'une encyclopédie de la situation. En réalité, les liens entre les gens, entre les gens et le monde, entre les vivants et les morts, entre les morts et ceux qui ne sont pas encore nés, tout ceci est beaucoup plus important que ce que toute théorie des « groupes en fusion » nous permet de le penser. C'est cela, la situation, pas seulement un petit noyau qui se révolte à un moment donné.

Dans ce que nous disons là, nous parlons d'un être, en perpétuelle composition et décomposition, mais il y va de son être que la composition gagne.

Spinoza suppose une exigence interne dans le mode d'être. Effectivement, la substance existe tout entière dans le mode d'être, en tant qu'exigence de se maintenir et de se développer dans son *conatus*. Il y a une difficulté en Occident à penser en termes de différenciation ou du devenir, qui sont des choses naturelles pour les Orientaux, alors qu'en revanche, pour eux, la difficulté est de penser le simulacre quiétiste, l'être statique. L'Occident est cette recherche permanente de l'immuable, c'est l'amour de l'immuable. Et comme l'unique chose qui nous paraît réellement immuable est la mort... En cela, l'Occident, place la mort au cœur de la vie.

Vous évoquez là une hypothèse ontologique et non plus seulement politique...

Oui, le point fondamental est une hypothèse ontologique. Il n'y a de l'universel qu'au cœur de la situation. Si nous tenons ferme là-dessus, nous nous trouvons à l'intérieur de la situation, et nous trouvons une voie de mise en réseaux qui permet la création de contre-pouvoirs. C'est pourquoi je crois vraiment que l'amour est la façon la plus abordable pour comprendre aujourd'hui la question de la situation comme l'universel concret, le seul qui existe. Dans la mesure où il serait absurde de penser que l'amour est la somme de tous les amants, l'amour est tout entier contenu dans chaque histoire d'amour singulière. Comme le disait plus prosaïquement Bergson, la couleur rouge n'est pas l'addition de toutes les choses rouges de la terre. Pourtant, les gens continuent à penser que pour vaincre le capitalisme, il faut s'attaquer à sa globalité, à la totalité totalisante. Ils se trompent parce que le capitalisme n'existe que par notre croyance dans la globalité. Et la meilleure façon d'y résister, c'est de cesser de croire qu'il est une chape en béton extrasituationnelle. C'est pourquoi on ne peut attaquer le capitalisme qu'à partir de la multiplicité des situations.

Il s'agit de voir qu'à un moment donné du développement des solidarités et des pratiques de justices sociales, nous nous heurtons inexorablement à l'agressivité et à la violence de ceux qui défendent le système. C'est pourquoi il faut être prêt à assumer cet affrontement sous toutes ses formes, y compris, comme dans mon cas, par la violence.

Si on prend une arme, on accepte l'idée qu'un jour ou l'autre on pourra tirer...

Nous nous disions que ces militaires fascistes étaient tous plus ou moins directement responsables du massacre des Indiens, dont ils possédaient maintenant les terres, puis des jeunes, des travailleurs. Ils étaient les frères jumeaux des nazis qui avaient gazé les Juifs, et nous nous disions que, oui, c'était une bonne chose de leur tirer dessus. Je l'ai toujours pensé, et je continue à le penser.

Chez nous, il y a deux Argentines étanches, deux Amériques latines étanches, il y a les descendants des Indiens, les sangs mélangés avec les émigrés, et de l'autre côté les familles patriciennes, descendantes de celles qui ont massacré les Indiens et qui, à travers les massacres, se sont approprié leurs terres. Celles-là sont les familles majoritairement présentes dans l'armée, associées à l'impérialisme anglais, puis américain... Et dont les activités sont le plus souvent synonymes de mort, de tristesse, d'horreur. Je pense qu'il n'y a pas un seul Latino-Américain honnête qui puisse dire qu'il regrette profondément la mort d'un de ces hommes-là.

On peut préférer défendre une position pacifiste, comme celle de Gandhi...

Si on n'occulte pas le fait que son choix impliquait aussi une grande violence... Gandhi disait aussi : « Entre la collaboration et les armes, il faut choisir les armes. » Il avait prévenu les colons anglais : ou bien vous réglez le problème avec moi, « pacifiquement », ou les troupes armées révolutionnaires vont déferler. Il ne faut quand même pas avoir une vision trop simpliste du pacifisme indien ! Si à côté et derrière Gandhi, il n'y avait pas eu des millions de sans-abri qui n'avaient rien à perdre, la portée de sa non-violence n'aurait pas été la même. Il était le seul qui pouvait éviter aux Anglais d'être mangés tout crus. J'ai tendance à sourire quand on me parle du choix de Gandhi, parce que bien entendu, c'est le choix qu'on fait tous ! On dit : si tu ne recules pas, je vais quand même te massacrer.

Mais il est vrai, par ailleurs, qu'on ne tire pas contre des structures, on tire contre des êtres humains. Quand on tire, celui qui tombe devant nous n'est pas le massacreur d'Indiens, c'est un homme. Mais si la question est : était-ce un problème d'entrer à la guérilla parce que cela signifiait que l'on allait peut-être dégommer un de ces tortionnaires, alors… je serais très malhonnête de dire que mon souci était là.

Qu'est-ce qui donne à un être humain, quel qu'il soit, le pouvoir de tuer ? N'est-il alors, là aussi, qu'un « élément de la situation » ?

Je ne comprends pas bien votre question : elle me semble trop prise dans une vision spectaculaire des choses. Par exemple, prenez les grands entrepreneurs si bien vus dans nos sociétés qui, au nom du profit, écrasent des populations entières, ces gens-là et d'autres s'attaquent à la vie, mais ont tous l'illusion d'avoir les mains propres. Personne n'aurait l'idée de leur demander d'où ils tirent leur « pouvoir de tuer », ni à quelle violence ils font face pour en user eux-mêmes d'autant.

J'ai dit que lorsqu'on entrait dans la guérilla, on assumait l'idée de pouvoir tuer. Il faut mettre cette réponse en parallèle avec d'autres choses : le fait que pour nous, pour la majorité quantitative des révolutionnaires de l'époque, notre logique n'était pas celle des armes. Sur chaque personne qui s'engageait, une sur dix ou une sur cent assumait cette possibilité de tuer : ceux-là étaient combattants. Mais ceux qui étaient d'accord avec la guérilla sans entrer dans le combat armé représentaient la majorité quantitative. La construction par auto-affirmation était le mouvement massivement le plus important à cette époque-là, bien plus influent que la représentation idéologique de la logique de la guerre populaire, défendue par la direction de la guérilla.

Nous, on ne pensait pas en termes d'« ennemi », nous n'étions pas là pour le descendre. Le sens de nos actes n'était pas donné par lui. La révolution était notre raison de vivre et de lutter. Pas lui.

Quand, en Argentine, je parle de Patricia, je veux parler de cette dimension-là, qui était pour nous si importante. Finalement, l'histoire nous a donné raison. Quand bien même on se moquait pas mal de ce qui pouvait arriver à une ordure comme un général tortionnaire, pour autant, notre désir était de construire un monde différent, et nous le faisions dans la vie quotidienne.

Quand les gens du collectif viennent aujourd'hui voir « le vieux » et rêvent d'éliminer Untel ou Untel, je leur dis qu'ils se trompent, concrètement, la révolution, ce n'est pas ça.

C'est le développement de double pouvoir et de contre-pouvoir. Nous ne faisions pas de terrorisme, nous ne posions pas de bombes, nous attaquions des casernes, nous récupérions des armes, nous prenions des commissariats, nous exécutions des tortionnaires. Pour nous, l'aboutissement était déjà là tout de suite, pas dans la projection d'une utopie à venir, et les armes permettaient de le développer et de l'affirmer.

Dans cette mesure, il n'existe aucune symétrie possible avec « l'ennemi ». Autrement dit, si, nous autres résistants, nous constituions l'objectif central pour les officiers de la torture de tous bords, le contraire n'était pas vrai. Ces professionnels de la répression sont un accident à l'intérieur de notre mouvement de construction de la justice, de la solidarité.

Le pouvoir est impuissant à changer le monde. Il peut administrer, maintenir un statu quo. Mais surtout, contrairement à la puissance, un mouvement qui se développe à la base, le pouvoir s'exerce toujours sur les autres. Le pouvoir n'est certainement pas le mal, mais il est toujours en rapport avec la possibilité d'exercer une certaine coercition, donc un certain mal. Vous savez, c'est un peu ce que Shakespeare écrit dans l'un de ses *Henry* : « Les maîtres de l'Univers sont ceux qui, en pouvant le détruire, ne le font pas. »

Encore une différence, la puissance est toujours auto-affirmation de l'être. Le pouvoir, en revanche, ne peut exister sans la puissance sur laquelle il s'étaye. En résumé, un monde avec moins de répression est possible, de même qu'un monde sans penseurs, sans artistes, ou sans scientifiques qui vont chercher au-delà des limites du profit économique, mais un monde sans amour est impossible.

Les professionnels de la répression ou de la censure jouissent des constructions de la puissance, c'est la raison pour laquelle ils sont, dans leur profonde impuissance, attachés à nous. Mais nous, nous ne devons pas, dans notre recherche, nous attacher à eux. Ce serait notre perte.

C'est pourquoi, contrairement à la vision plus divertissante de la subversion dans laquelle les bons s'affrontent aux méchants, il faut défendre le principe selon lequel résister, c'est créer. Les « méchants » se vaccinent, lisent, respirent, et en fin de compte, grâce à la construction de la puissance, et même si la confrontation est inévitable par moments, cette confrontation n'est pas symétrique. Pour ceux qui répriment, cette tâche anime leur vie tout entière. Pour nous, quelle que soit la difficulté, cette confrontation avec eux n'est qu'un accident, une nécessité que nous devons assumer... rien de plus. Ni rien de moins... il faut le faire, c'est tout.

Qu'est-ce alors que l'autre, c'est-à-dire celui qu'on a en face, un ennemi ?

Tant qu'on n'a pas le courage de lutter, on reste obsédé par l'ennemi. En revanche, quand on lutte, on se rend compte que l'ennemi, ce n'est personne. Au maximum, tout ce que peut faire un fasciste, c'est de vous tuer, ou tuer quelqu'un que vous aimez. Mais face au développement de la vie, de la solidarité, de la pensée, il ne peut rien. Les seuls à pouvoir détruire cela, c'est nous, quand nous arrêtons de penser, d'aimer, de travailler. Comme le disent, jeudi après jeudi, les mères de la place de Mai, le seul combat qu'on perd est celui qu'on abandonne. L'essence du « guévarisme », c'est : ne s'en prendre qu'à soi-même. Et désirer l'auto-affirmation de la liberté. Parce que jamais l'ennemi, quelle que soit sa force, ne t'empêchera de développer un double pouvoir. C'est là où Guevara était très sartrien, ou Sartre très guévariste, ou peut-être que la vérité se trouve toujours dans des périphrases différentes... Nous retrouvons l'idée de la « mauvaise foi ». Dire que le pouvoir est fort n'a pas de sens. Le pouvoir n'est ni fort ni faible. Soit je me donne les moyens de creuser les brèches, les fissures, et de développer la vie, soit je renonce, mais le pouvoir est ce qu'il est. Par contre, il est indépassable, dans la mesure où nous tombons dans la « mauvaise foi ».

L'une des figures de la « mauvaise foi », nous l'avons vu, est cette logique de l'affrontement. Seulement, dans la logique de l'affrontement, on ne sait pas qu'on est déjà vaincu – et après, la seule chose qu'il nous reste, c'est de cristalliser la défaite. C'est la raison pour laquelle j'ai mis en parallèle Managua et Buenos Aires ou Montevideo. Notre véritable ennemi, c'est, je le répète, le fait de tomber dans la logique de l'affrontement, le résultat de l'affrontement est secondaire. Je ne dis pas cela depuis la Bibliothèque nationale de Paris, mais à partir de ce que j'ai vécu.

Le monde humain, en tant qu'il est un monde pensé, ne peut échapper à cette fascination du progrès qui, progressivement, le conduit à maîtriser une réalité toujours plus volatile. Mais la pensée, dans ce sens, est aussi une forme d'exil.

Qu'est-ce que l'exil humain de la pensée ? C'est la cruauté que subit l'homme de par la pensée, du fait d'être porteur de la pensée. L'homme est un soubassement de la pensée, mais ce n'est pas un soubassement qui disparaît. Nous ne sommes pas un empire dans l'empire, comme dit Spinoza, rien de ce qui arrive à l'homme n'échappe aux lois de la nature. Les oiseaux qui ont subi la tempête reconstruisent leurs abris. Parmi les animaux qui rebâtissent après une catastrophe, certains le font plus que d'autres. Notre façon à nous de rester sourds à l'exigence, c'est d'être éblouis par la tempête, par le mal. La tempête, ce n'est que du vent. Le grand élan libertaire, contestataire de l'époque, ce qui en faisait une époque si peu idéologique, était dû au fait que la majorité d'entre nous était mobilisée dans des mécanismes d'auto-affirmation.

Pourquoi parlez-vous d'éblouissement du mal ?

Pour moi, il n'y a aucune question sur le mal, la seule question qui se pose à nous, c'est celle du bien. Même si le bien n'est évidemment pas quelque chose qu'on peut incarner, ce ne peut être qu'une cause commune, des actes.

Dans la question du mal, nous sommes toujours tentés d'adhérer à cette consigne mille fois répétée sur un ton un peu incantatoire : *plus jamais ça*. Or, voilà que si nous affirmons que le mal n'a pas d'existence en soi, qu'il est l'absence du bien, son ombre, pour ainsi dire, nous ne pouvons pas adhérer à cette vision messianique. Il n'y a pas plus de fin du mal que de fin de l'histoire. Chaque société, chaque culture a la responsabilité du développement du bien, de la vie, et par là même doit affronter le mal. Il faut que l'ombre ne gagne pas, voilà de quoi il s'agit. Nous ne pouvons pas désirer un « plus jamais ça », sauf pour se donner de la bonne conscience à bas prix. En revanche, nous sommes tenus de construire le barrage contre le mal ou, pour être plus cohérent avec moi-même, résister, c'est-à-dire créer. Une chose encore : à chaque fois que les gens disent : « plus jamais ça », il est toujours déjà trop tard. C'est parce que « ça » est déjà, quelque part, à l'œuvre.

La conception du mal, c'est fondamental au sens où c'est ce qui fait divergence dans toute problématique de l'engagement. Soit nous croyons à l'existence du mal, et dès ce moment nous entrons dans une logique de l'affrontement, en croyant que le bien est quelque chose qui empêche le mal d'être et que le mal a une stratégie. On glisse ainsi aisément dans cette logique proposée par la modernité et la postmodernité, qui est de « lutter contre ». Lutter contre donne sens à une vie. Mais c'est une forme de pensée relative au capitalisme. Bien entendu que l'expansion capitaliste comme nature du capitalisme trouve sa raison d'être dans une auto-affirmation de sa puissance. Elle trouve sa raison d'être dans le fait qu'il existe un autre à dominer. On le voit bien, dans la logique de l'entreprise, dans la logique des monopoles, quelles sont les stratégies à l'œuvre. Et l'on a du mal à croire que ces gens si sérieux, si diplômés, soient vraiment intéressés par le fait de détenir une usine de cacahouètes, plus une usine de détergent. La seule raison de posséder tout ceci ne peut que relever de la logique de conquête. Je sais bien que le manichéisme ne trouve pas ses racines dans le capitalisme, mais d'un point de vue deleuzien, c'est un rapport rhizomatique qui potentialise les deux. Même dans le manichéisme classique, par exemple dans la vision cathare, la conscience et l'existence du mal ne sont pas ce qui oriente l'activité des cathares, c'est au contraire de faire vivre le bien.

La logique de l'affrontement puise ses sources dans le manichéisme, mais elle le dépasse largement (dans le manichéisme, il reste l'auto-affirmation du bien, tandis que le mal est une déchéance ayant une autonomie). Puisque là, le mal est fondamental et le mal est toujours l'autre, il faut l'écraser. Les entrepreneurs du capitalisme fonctionnent exactement comme cela, dans leur passion pour la conquête. La logique est sans faille. L'indexation par tous les moyens. La logique de l'affrontement, c'est l'essence même du capitalisme qui puise sa raison d'être dans l'existence d'un « adversaire ». Dans la production de certains produits de luxe, il subsiste un noyau précapitaliste (de belles choses bien faites) et qui est terrassé par le « vrai » capitalisme. Cette soi-disant schizophrénie de celui qui ne peut pas prendre en compte l'écologie, l'environnement, dans son usine, et qui va donc produire en polluant sans se rendre compte qu'il va lui-même en crever, est celle du capitaliste. Il n'y a même pas ce mouvement d'auto-affirmation consistant à dire : « Je suis un homme vivant. » Mais ceux qui sont dans une logique capitaliste d'expansion ne peuvent plus avoir aucune auto-affirmation. Plus ils seront de grands capitaines du capitalisme, plus sera favorisée la production de masse. Nous savons très bien comment ceci se décide dans une politique de communication de l'entreprise. Le petit patron qui aime le pull qu'il fait doit disparaître dans cette logique. Le grand capitalisme est le royaume de la virtualité totale, puisqu'il n'y a plus aucune auto-affirmation. La tendance principale du capitalisme est de produire du « rien », c'est-à-dire des productions virtuelles, ou tout du moins des choses qui disparaissent le plus vite possible. Toute politique qu'on lui oppose, si elle se situe dans la logique de l'affrontement, a perdu. La logique de l'affrontement – ce passage sans retour dans lequel le sens est donné par la croyance dans le mal, dans l'ennemi à abattre – ne signifie pas assumer un affrontement. Assumer l'affrontement, c'est entrer dans un engagement.

Vous croyez que le mal n'existe pas ontologiquement...

Il y a quelque chose dans ma vie, dans mon quotidien, qui a à voir je crois avec ce que j'ai vécu, et qui détermine, pour le dire ainsi, certaines limites, certaines tendances qui définissent ma manière de vivre et de penser. Ainsi, par exemple, il me faut une certaine sobriété, ne pas participer réellement à un certain confort, à un certain luxe, parce que si j'admets un peu trop ce confort, j'entre dans une mélancolie que je ne peux plus vaincre... L'image qui me vient, c'est cette capacité de ne pas désirer ce que possède l'ennemi, ceux qui auront un pouvoir et qui produisent le mal. Je ne crois pas que le mal existe « ontologiquement », mais il y a bien des ingénieurs du mal, CIA, KGB, à leur époque, les publicitaires, qui sont de grands méchants loups, de grands industriels qui ont programmé des guerres, des conflits, des famines, et qui calculent les pollutions en termes de profits et pertes. L'inconscience, l'irresponsabilité des dirigeants d'entreprise m'étonnent toujours, qui continuent à penser en termes de bénéfices au-delà de toute considération humaine ou écologique. On se dit : mais que pensent ces gens-là ? En réalité, ils ne pensent pas, au sens de ce que signifie profondément penser, au sens où l'entend Heidegger.

J'ai rencontré, il y a peu de temps, une jeune femme qui disait travailler en « faisant du lobbying ». Je lui ai demandé ce que cela voulait dire, et elle m'a expliqué avec un grand sourire très professionnel qu'elle défendait les intérêts d'un groupe qui s'élevait contre les lois restreignant, en Europe, le développement commercial des entreprises. Elle était charmante et à l'évidence, elle n'avait absolument pas conscience de la portée de ce qu'elle faisait.

En tant qu'être humain, je me rends à l'évidence que le mal n'est que l'absence du bien. Il y a bien des agents du mal, mais un agent n'obéit pas à une autre exigence que celle de la vie, il tourne simplement le dos, de plus en plus, à l'exigence de la vie. Je crois qu'il s'agit, en bref, d'une dynamique de l'oubli de l'être, ou tout du moins ceci nous permet de comprendre un peu le mécanisme à travers lequel un être peut croire ou croire rencontrer des intérêts supérieurs, ou même différents, à ceux du développement et de la protection de la vie.

Comment quelqu'un devient-il tortionnaire, alors ?

Un grand industriel capable de programmer la défense de prix élevés de certains médicaments pour empêcher qu'un vaccin à un franc circule en Afrique, cet homme-là croit qu'il a les mains propres, alors qu'il assume la responsabilité de freiner la production de médicaments bon marché, ce que l'industrie pharmaceutique fait aujourd'hui pour certains médicaments, comme la trithérapie, dont la production doit rester coûteuse. Aujourd'hui nous avons des molécules simplifiées qui guérissent la plupart des maladies. Or, il y a des gens qui décident de maintenir arbitrairement le barrage économique du profit ; comment en sont-ils arrivés là ? Par une pente glissante, douce, dans laquelle ils comprennent qu'ils ne peuvent pas changer le monde, et de toutes petites raisons accumulées provoquent un dérapage...

Je ne crois pas que ces gens-là aient jamais décidé d'agir ainsi, le mal, la canaillerie ne sont pas le fruit d'une décision, c'est un dérapage auquel on ne résiste pas.

Très jeune, en prison et sous la torture, j'écoutais tout ce qu'ils disaient, et beaucoup de choses restèrent gravées dans ma mémoire. Je me rendais compte que tout ce que pouvait faire le pire des salauds, c'était assumer, constater et revendiquer narcissiquement ce qu'il était déjà : oui, je viole, je tue, je torture. Il faut quand même pouvoir voir un homme accroché par les pouces, pendu du plafond, nu, et lui mettre un fer à souder sur la poitrine, sur le sexe, le brûler vivant avec un fer à souder !

À un moment donné, ils disent : oui, je suis un salaud. Mais ce n'est pas vrai, au moment où ils le disent, ils sont déjà dans la pratique, dans un glissement commencé il y a longtemps, un dérapage infinitésimal qui commande le moment où il dit : je suis un salaud, mais c'est un constat après-coup. Il n'existe personne qui vous dise : oui, j'aimerais voir torturer des corps. Non, ça n'existe pas. J'ai entendu des tortionnaires dire cela, mais c'est une reconstruction après-coup. À un moment où à un autre, les tortionnaires (ou ceux qui ont fait des choses horribles) se construisent un mythe des origines *ad hoc*. Pour justifier ce qu'ils étaient, ce qu'ils ont réussi à devenir peu à peu et sans aucune résistance.

Ils vont situer à un moment donné de leur histoire l'événement qui les a fait déraper, après lequel plus rien n'était pareil…

C'est toujours la même histoire… Comme chez les pervers, il y a toujours une histoire fondatrice qui ne tient pas le coup. À leurs yeux, l'histoire commence quand, à la faveur d'un concours de circonstances, il s'est produit un dérapage, et après, voilà…

ils n'ont plus été maîtres d'eux-mêmes... Quand on voit de plus près la vie de ces hommes-là, on trouve toujours un certain laisser-aller à une jouissance sadique. L'idée du bon père de famille qui respecte les animaux et qui un jour se retrouve en train de torturer quelqu'un n'existe pas ; c'est un mythe.

Cet homme dont nous parlons est dans la position de quelqu'un qui ne ment pas, mais qui ne dit pas vrai. Il doit se raconter qu'un jour il était là, qu'il y avait, par exemple, de l'alcool, et que la fille était belle, et puis elle a dit quelque chose qui n'allait pas, elle l'a humilié, et il l'a violée – et ce jour-là, il s'est rendu compte qu'il avait basculé de l'autre côté... Ces sortes d'histoires sont toujours des reconstructions après-coup, même si l'homme ne ment pas, dans le sens où il crée lui-même son histoire, ou fait du moins tout son possible pour la créer.

À vrai dire, quand on entend les prisonniers politiques en prison, on voit comment cela opère. En Argentine, le panoptique était inversé : il y avait là ouvriers, étudiants, artistes et écrivains, les intellectuels, etc., « l'élite », en quelque sorte, et nous avions vingt-quatre heures sur vingt-quatre pour analyser nos bourreaux, pour observer attentivement cette bande de brutes ; il y allait de notre survie. Ce qui signifiait concrètement : savoir comment ils pensaient, comment ils agissaient, ce qui avait une utilité concrète, mais ce fut aussi un travail anthropologique intéressant – eux l'ignoraient, de même que de nous ils ignoraient presque tout. Ils pouvaient nous arracher des informations, mais il y avait certaines dimensions qui leur étaient totalement étrangères et qu'à l'inverse, nous, nous mettions à l'étude.

Vous savez, c'est un peu comme les écoutes téléphoniques et ce type de choses. Les politiciens croient apprendre beaucoup, mais ce savoir est limité par leur propre formatage de l'information. Ils finissent par s'auto-intoxiquer. Big Brother est aveugle, et les caméras de surveillance n'y changeront jamais rien.

Systématiquement, les tortionnaires ont besoin de se raconter une histoire qui explique ou qui excuse le fait qu'ils aient violé, tué, torturé, et même s'ils y trouvent du plaisir, ça doit quand même leur poser un problème pour qu'ils cherchent ainsi à se justifier, par exemple, du viol d'une jeune fille à qui normalement ils n'auraient même pas dit bonjour. Ils disent toujours qu'il y a eu des moments et des situations initiatiques, mais on voit bien que ce sont des gens qui sont allés vers cette jouissance de la réduction de la vie. Je crois, comme les anciens, qu'il n'y a pas de méchant impuni, mais que le châtiment du méchant ne passe pas par la caricature du méchant puni. Elle est inhérente à la méchanceté, qui signifie accepter une diminution de la vie, et par la suite diminuer la vie. En résumé, dans le fait même d'être méchant il y a la punition, la punition qui est inévitablement la privation des dimensions plus riches de la vie. Dans mon livre *Le Mythe de l'individu*, je défends cette hypothèse

philosophique selon laquelle il n'y a pas de
méchant impuni.

Ce sont tous ces liens dans lesquels nous
sommes qui créent, dites-vous, la possibilité
du renoncement, ou au contraire de
l'assomption de notre liberté.

Un homme qui joue avec un animal peut
le prendre comme une peluche, ou il peut
accéder à une dimension animale partagée
et tout à coup entrer dans une certaine
situation commune où se compose une histoire, et exprimer un véritable étonnement
devant la vie de cet animal. Face à ce que la
vie de cet animal représente, cherche, manifeste, quand elle est en contact avec
l'homme, et quand le pur mystère de l'animalité apparaît, si on se donne le temps, on
peut le reconnaître comme pas si différent
de soi. Il y a une solution de continuité
entre le règne animal et le monde humain.
La barrière, même entre humains, est donnée par l'utilitarisme.

Tout développement de la puissance va
avec un retrait des investissements de pouvoir, c'est un mode de vie différent. Qui est
prêt à se donner ce mode de vie ? Qui est
prêt à vivre une relation déjà avec l'animal
non pas en tant qu'objet contra-phobique,
mais dans une recherche d'animalité partagée ? Alors ne parlons pas de qui est prêt à
exercer ce retrait du moi utilitariste, qui
permet par exemple de décider que le sans
domicile fixe en bas de chez moi ne

s'appelle pas clochard, mais Marie ou Paul, et de se dire qu'au-delà des catégories sociologiques, le réel existe dans un universel concret.

Dire « sans domicile fixe », c'est déjà se tenir à distance. Les catégories sociologiques sont utiles, elles permettent de s'absenter de la situation. C'est la parole de Beckett, dans *En attendant Godot* : « L'humanité, ici, c'est toi et moi. » Dans ma décision de composer avec, je ne suis pas dans une cachette qui me protège comme Caïn de l'œil de l'humanité. L'œil de l'humanité n'est plus un œil surmoïque, les étiquettes : papa, maman, le député ou la petite amie, nous devons nous rendre compte que là où nous sommes, il y a une multiplicité. Nous sommes engagés ici et maintenant. Il y a Pierre qui dort dehors, il fait froid, il y a quelque chose que je ne peux pas enjamber au nom d'un universel abstrait, d'une logique générale.

Le mal n'est pas autre chose que le fait de tourner le dos à chaque fois, faire le distrait. Le mal n'est pas autre chose que ce cheminement infinitésimal au travers duquel on peut se trouver dans la figure du pire. Mais on sera dans la figure du pire toujours dans l'après-coup. C'est la parole du tortionnaire : « je l'ai violée... » qui ne répare jamais rien. Celui qui a volé l'enfant de Patricia, comment imaginer ce geste ? Celui qui a pris des bras de Patricia le petit Rodolpho, puisque c'est ainsi qu'elle l'avait baptisé, j'imagine que cet homme-là, quand il a fait ce geste, s'est trouvé face à deux possibilités... Soit ce geste-là était pris dans le continuum de la méchanceté quotidienne, avec la seule préoccupation que le petit morveux ne lui tache pas l'uniforme, soit il s'est dit après-coup que c'est ce jour-là qu'il est devenu un salaud. C'est donc ce que nous appelons, après Hanna Arendt, « la banalité du mal », qui se construit peu à peu, sans y penser. Il existe des gens qui, de manière aristocratique, jouissent de la douleur de l'autre, mais en dernier lieu ce sont des postures narcissiques, car ils savent très bien où est le mal.

Mon passé est un problème. C'est vrai qu'il nous arrive d'avoir honte de ce qu'on a vécu, parce que ce passé est tellement douloureux qu'il en devient douloureux aussi aux gens qu'on aime. Mais le résistant que je reste ne peut pas s'empêcher de se dire que tout cela peut être fertile... La réalité du souvenir, elle est terrible. Quelqu'un entre dans un cachot. Il voit une femme par terre qui vient d'accoucher et qu'on a obligée à nettoyer le sol. Cette femme, on l'a insultée pendant qu'elle nettoyait, son bébé pleure, on lui a coupé le cordon comme on a pu. L'homme qui rentre là voit une femme qui va aller à la mort. Il sait que, dans quelques jours maximum, il va lui prendre l'enfant. Cet homme peut-il dire : « Au moment où j'ai pris l'enfant, là, j'ai compris que je faisais quelque chose de grave... ? » Non, ce n'est pas vrai... C'est une reconstruction après-coup. Je ne nie pas qu'il soit sincère, mais c'est une reconstruction faussée. L'homme ne se trouve pas là par hasard.

La reconstruction de la genèse du mal est toujours imaginaire, mais il y a pourtant bien un moment de fracture, où le destin bascule vers le meurtre consenti. Il est difficile alors de croire qu'il n'y a pas de volonté du mal.

Il y a un officier de l'armée argentine dont la tâche était de jeter les camarades depuis la soute d'un petit avion dans le fleuve. Il y avait des vols tous les jours pour balancer les corps (il faut savoir être efficace pour faire disparaître trente mille personnes !) au-dessus du Rio de la Plata, va-t-on savoir pourquoi ? La perversion du mal est un non-sens qu'il faut cesser d'interroger, à un moment donné. Va-t-en savoir pourquoi, il les déshabillait d'abord et, une fois qu'ils étaient nus, leur donnait une injection de penthotal ou d'autre chose, puis il ouvrait la soute, et les jetait donc vivants. Il y avait un « tas de chair », là, des hommes et des femmes drogués mais vivants, plus ou moins réveillés. On ouvrait la trappe (pourquoi ne les tuaient-ils pas avant ?) et on les balançait. L'homme raconte que le capitaine S. de la marine les lançait à tour de bras, par les cheveux, par les pieds, des jeunes hommes et femmes, des corps torturés, démolis. Un jour, une jeune femme qui devait être un peu moins droguée que les autres a attrapé la cheville du militaire, elle a dû se dire : toi, au moins, tu viens avec moi, et s'y agripper. La fille pendait de l'avion et il risquait de tomber avec elle ; finalement, la femme, qui avait été torturée, a lâché prise, et depuis ce jour-là, cet officier a un cauchemar récurrent. Il s'est passé quelque chose, dit-il. Que s'est-il passé, tout bêtement, il a failli tomber ! Ce jour-là, il s'est peut-être rendu compte que ce n'était pas seulement de la viande... mais si cet homme affirme qu'il a réalisé ce jour-là qu'il était un salaud, je dis que ce n'est pas vrai.

C'est une obsession, une fascination. Les gens interrogent le mal, ils veulent savoir pourquoi et ne se rendent pas compte qu'ils donnent ainsi au mal un statut, une dimension qu'il ne possède pas. Comment ? Pourquoi ? Les pauvres agents du mal ne possèdent pas de réponse, ils ne peuvent « penser le mal » parce que c'est toujours à partir d'une position ontologique que nous pouvons penser. Il faut arrêter avec cette obsession du mal qui a pour effet de mettre en vedette de l'actualité une série de brutes sans intérêt.

Et pardonner ?

Le tortionnaire, c'est l'image du pire, aux yeux de l'opinion publique. Pourtant, même ce tortionnaire, je n'arrive pas à le considérer comme étant un « autre » total. Un jour, au cours d'une émission de télévision, on m'a demandé si je pouvais pardonner à mes tortionnaires. Non, je ne pardonne pas, mais je n'ai pas de rapport personnel avec ces types, et je ne vais pas me mettre à pardonner ou à ne pas pardonner. Je ne veux pas de rapport d'égalité avec eux, je ne me sens pas supérieur non plus en tant qu'individu, simplement je ne place pas les choses à ce niveau de confrontation personnelle. La vie n'est pas, profondément et réellement, quelque chose de personnel. Le tortionnaire est un être humain, il ne faut pas tomber dans la bêtise de l'animaliser ou de faire de lui un être inférieur, surtout pas le rendre « bestial » !

Cela ne me posait aucun problème de tirer sur lui, mais c'était sans haine. Quand on voyait quelqu'un tirer avec haine, on l'éloignait des commandos actifs. Moi, je voulais toujours que l'autre comprenne : on a peur de toi, etc. On me reprochait de trop essayer de convaincre. Quand j'étais dans les lieux de torture, mes préoccupations étaient : comment faire pour ne pas trahir ? Est-ce quelqu'un peut s'échapper d'ici ? Et au bout de quelques jours de torture, c'était : comment faire pour qu'on en finisse ? Je voulais qu'on me tue parce que je n'en pouvais plus. La seule chose que je n'ai pas éprouvée, c'est la haine. La haine est ressentie par ceux qui acceptent l'impuissance et ne se révoltent pas. Quand on se révolte, on n'a pas de haine envers l'autre. Quand on se révolte, on est occupé par la liberté. Une énorme majorité de combattants n'avait pas de haine, par contre, j'ai vu des attitudes haineuses de la part de la plupart de ceux qui n'étaient pas des combattants. Comme à Paris, à l'époque de la montée de Le Pen, il y avait des haines terribles, alors qu'il s'agissait surtout de bêtise. Une bêtise très dangereuse ; mais il ne suffisait pas de « haïr Le Pen », il fallait faire quelque chose de mille fois plus difficile qui était de construire une France digne et solidaire.

La révolte donne une conscience diffuse de l'inexistence ontologique du mal. Notre vrai problème, ce n'est pas l'« autre ». La vraie question, c'est comment et par quel versant nous pouvons construire une réalité meilleure, un monde moins triste, un monde avec davantage de puissance, de joie, de vie.

L'impunité de Pinochet a aussi beaucoup agité les esprits, ces derniers temps...

Justement, plus les gens sont véritablement engagés dans la révolution, plus ils se moquent que Pinochet soit puni (dans le sens où la punition serait une vengeance), mais qu'il puisse y avoir une sanction symbolique, là, c'est autre chose... Là encore, la vengeance est un rêve de ceux qui ne se sont pas révoltés, la justice n'est pas une vengeance. Nous pouvons souhaiter qu'il soit jugé, emprisonné, pour l'avenir du Chili, mais nous n'en ferons pas une question personnelle. Moins on est engagé, plus on fait du jugement une histoire personnelle. Je conçois que Maurice Papon soit en liberté surveillée et pas en prison, ce sont des gens sans aucun intérêt. Pinochet est un simplet qui a une vie pauvre avec une pensée qui n'est pas une vraie pensée, avec une raideur, une faiblesse profondément marquées. Cet homme ne peut pas m'intéresser, il ne peut en aucun cas devenir le centre de mes pensées qui est, en l'occurrence, la construction d'un Chili juste et indépendant. Pour le désir de justice, il faut que les choses soient ordonnées dans l'histoire du Chili, il faudrait une sanction symbolique, ou sinon il faudrait marquer d'opprobre les tortionnaires, leurs enfants.

III

La torture

Comment êtes-vous tombé entre leurs mains ?

J'étais déjà tombé deux fois entre leurs mains. Deux fois, on m'avait pris, et deux fois, j'avais réussi à passer entre les mailles. La première fois, j'étais à peine adolescent, ils m'ont attrapé à l'hôpital de l'armée. Les gardes ne savaient pas quoi faire de moi. Ensuite, c'est la police fédérale qui m'a pris, et j'ai passé un mauvais moment, deux heures d'interrogatoire, dont j'ai réussi à me sortir.

Il y avait alors un tel fichage que c'était la pagaille, ils s'intoxiquaient eux-mêmes avec toutes leurs informations. On était en 1974, à l'époque, je n'étais pas fiché, ils n'ont rien trouvé. Ils comptaient tellement sur la torture qu'il se produisait des aberrations terribles. La troisième fois, quand ils m'ont pris pour de vrai, ils m'ont torturé, entre autres, de manière un peu ridicule, pour savoir si ma carte d'identité n'était pas un faux. Moi, je ne voulais pas leur répondre, parce qu'on était censé ne pas savoir entre les mains de qui l'on était, l'armée, la police, les paramilitaires, etc. Mais j'avais envie de leur dire : allez vérifier dans le bureau voisin, imbéciles ! J'étais tombé avec mes vrais papiers !

La dernière fois qu'ils m'ont pris, les circonstances étaient un peu spéciales. J'étais responsable d'un quartier de cent mille habitants environ, moitié bidonville, moitié populaire, et l'organisation de cette zone était double. Il y avait d'une part une commission de voisinage, qui comptait aussi des membres de la guérilla, élue et désignant elle-même par vote direct son président. En parallèle, il existait une coordination révolutionnaire clandestine, non élue mais comptant pour moitié des membres de la commission de voisinage. Dans ce quartier, il y avait toujours eu une forte représentation de l'ERP à la commission de voisinage, et c'est ainsi que je me suis retrouvé responsable de la structure clandestine. C'était un travail de contre-pouvoir fantastique, qui permettait la création d'écoles parallèles, de crèches, d'ateliers de production, nous inventions la vie, une vie tout à fait autre, ce n'était pas un territoire libéré, parce que légalement il ne l'était pas, mais au moins d'influence. La police n'y entrait pas.

Un jour, la police a procédé à une énorme provocation pour nous faire sortir de la tanière. Ils sont arrivés et se sont dirigés immédiatement vers une cabane où vivait un couple d'extrême gauche péroniste. Ils les ont torturés, ils les ont fait marcher sur des morceaux de verre et se sont retirés. On ne comprenait pas ce que voulait dire cette brusque offensive en plein cœur du quartier. Nous avons alors organisé une grande action, populaire et militaire à la fois, de reprise en main. Mais c'était un guet-apens, et la police bouclait le quartier. Les voisins et tous ceux qui avaient une structure solide pour se cacher l'ont fait. Nous, les commandos armés, nous devions essayer de quitter les lieux. Personne n'est tombé sur le coup. Je me suis retrouvé à la tête d'une colonne qui essayait de faire une brèche dans les troupes encerclant le quartier. Les forces de la répression avaient formé un double cordon, un petit et un second, plus large. Il faisait nuit, on courait. Je me souviens qu'il y avait une sorte de lac intérieur, mais glauque, de la pourriture pure. Depuis l'autre berge, ils nous tiraient dessus, nous apercevions des silhouettes qui bougeaient dans le noir. Le danger était grand pour les « voisins », mais ils savaient se cacher.

On se cognait contre ce mur humain. On se déplaçait très vite, et tous ensemble. À un moment donné, nous nous sommes retrouvés face à face avec les policiers, et nous avons échangé des coups de feu. En général, après chaque contact avec l'ennemi, nous nous retirions. Cette fois, par hasard, nous avons attendu quelques secondes qui se sont révélées précieuses, car elles m'ont permis de me rendre compte que nous n'avions plus personne en face. En effet, ils étaient sortis de leur planque pour reculer, exactement comme nous le faisions nous-mêmes. Nous avons ainsi pu franchir le premier cercle. Plutôt que de tenter de percer le second, nous nous sommes cachés dans une maison. Toute la nuit, ils ont essayé de nous trouver. On entendait le bruit des perquisitions tout autour. Nous avons réussi à partir le lendemain, deux par deux et désarmés. Malheureusement, un camarade est tombé entre leurs mains. Il a été torturé toute la journée et a livré des informations importantes. De fil en aiguille, par recoupements successifs, la police a réussi à me localiser, et je me suis fait prendre le soir même, alors que je sortais de chez un avocat qui participait à la résistance. J'étais avec une femme et son petit d'un an, ils nous ont emmenés... L'enfant n'a pas été volé parce qu'à l'époque, ils ne volaient pas encore les enfants. Ils le feront plus tard – y compris en faisant accoucher des prisonnières qu'ils éliminaient ensuite après s'être emparé du nourrisson pour le donner à des gens en mal d'adoption, des aristocrates argentins, ou carrément aux tortionnaires de leurs parents. On nous a donc arrêtés en plein cœur de Buenos Aires, on ne s'y attendait pas...

Un homme s'est approché et j'ai cru qu'il venait me demander du feu, cela correspond à cette espèce de convivialité qui a toujours existé à Buenos Aires, où tout le monde demande n'importe quoi à n'importe qui, juste pour le plaisir d'établir un contact. En tout cas, je n'ai pas senti le danger, j'ai vu seulement un homme approcher. Arrivé à ma hauteur, il m'a lancé : « Police fédérale, ne bougez pas. » J'avais les mains dans les poches. Comment lui expliquer que je n'étais pas armé ? Soudain, la seule chose qui importait, c'était d'arriver à sortir les mains de mes poches sans me faire trouer la peau, et sans risquer la vie de la jeune femme qui m'accompagnait et de son petit garçon. Puis, tout a disparu, la pizzeria au coin de la rue avec, dedans, les gens qui nous regardent... La sensation que j'ai éprouvée en devenant un « disparu », c'était paradoxalement l'estompement du monde, comme si c'est lui qui avait disparu. Nous étions *Calle Corriente,* au cœur de la capitale, et tout à coup, entre la pizzeria, le marchand de journaux, les gens qui déambulaient et nous, vraiment – et ce n'est pas une reconstruction, c'est vraiment comme ça que je l'ai vécu –, tout a disparu. L'arrestation, cela arrive comme un rendez-vous fatal, on sait qu'un jour on va y passer. En réalité, on n'y pense pas, enfin, je ne peux pas parler au nom de milliers de camarades, moi et mes proches, en tout cas, on n'y pensait pas. On écoute d'une oreille plus ou moins attentive les récits des autres qui sont passés par là, mais on essaie d'oublier... et puis un jour c'est là. Ils vous emmènent et vous bandent les yeux : ça y est, vous avez basculé de l'autre côté... vous êtes un disparu.

L'important, pour eux, c'est de vous faire comprendre que dorénavant, vous êtes un jouet entre leurs mains, et qu'ils peuvent faire ce qu'ils veulent. Il n'y a aucun recours, vous n'existez pas. On entre dans une autre dimension dans laquelle ni père, ni mère, ni amis ne sont plus là. On n'a plus personne à qui se plaindre, à qui dire : « Arrêtez le manège, je veux descendre. »

J'avais vingt et un ans, et cinq ans de militance derrière moi.

Vous êtes-vous rendu compte tout de suite de la gravité de la situation ?

Oui, je savais. J'étais dans ce moment de l'existence où l'on sait qu'il va falloir répondre avec son corps, mais pas comme dans un combat. Dans un combat, il reste de l'incertitude : qui va avoir le dessus, qui va perdre ? Là, il n'y avait aucune incertitude, mais une tristesse totale. Chacun éprouve des choses différentes à cet instant-là : moi, c'était la tristesse totale. Ils nous ont jetés par terre dans une voiture, l'enfant était à la fenêtre et hurlait, ils nous ont emmenés dans un centre de torture de la superintendance de la Securidad Federal. Même celui qui va mourir pense peut-être qu'il va voir encore l'aube, ou des choses comme ça. Il n'arrive presque jamais, dans la vie, de se trouver dans une situation dans laquelle on sait que rien, absolument rien, ne vous permettra d'en sortir. C'est d'ailleurs ce qu'ils veulent vous faire ressentir. Si on y adhère, on est perdu.

Ils ont attendu pendant quelque temps, ils nous ont bandé les yeux et ils nous ont séparés. Ils vous laissent là longtemps, pour que vous entendiez les cris.

Alors, il m'est arrivé quelque chose de vraiment magique : je me suis fait une blague à moi-même. J'étais mort de peur, je n'étais que peur, et c'est grave parce que, dans ce cas-là, on risque de trahir. C'était notre cauchemar. Dans la torture, on n'est pas devant

98

un jeu de pile ou face : gagner ou perdre, se taire ou parler. Parce que si on perd, on se sent devenir pire que celui qui n'a jamais rien fait contre la dictature. Il arrivait que ceux qui parlaient sous la torture soient ensuite emmenés en voiture à travers Buenos Aires, pour désigner ceux qu'ils connaissaient.

Et là, en pleine angoisse, il m'est arrivé quelque chose de fantastique. J'entendais des cris terribles, des bruits identifiables, par exemple le bruit de l'électricité sur le corps : la « gégène ». Mentalement, j'essayais d'identifier tous les bruits. Ma tête essayait de comprendre à toute vitesse pour anticiper ce qui allait m'arriver. Tout à coup, j'entends un râle, un bruit de respiration assourdie, étouffée, je n'arrive pas à l'identifier. Je me concentre parmi tous les bruits, les cris, les pleurs, je me concentre sur celui-là parce que je veux savoir, et ça devient une obsession. Or, l'un des traits de mon caractère – qui persiste, d'ailleurs ! – consiste à vouloir tout comprendre, les théorèmes comme les histoires humaines, pour voir de quel côté cela se passe. Et j'ai entendu une petite voix dans ma tête me dire : « Eh bien, Miguelito, ne te fais pas de souci : pour une fois, c'est sûr... tu sauras ! » Tôt ou tard, j'allais savoir, parce que j'allais y passer moi aussi. Alors j'ai rigolé. Un vrai rire m'a échappé, que, heureusement, ils n'ont pas entendu, je ne sais pas ce que cela leur aurait fait de voir un imbécile qui, dans l'imminence de se faire torturer, *rigolait* ! Ce rire-là, tout à coup, c'est ce qui m'a sauvé d'être submergé par la panique. Cette blague-là, que je me suis faite, m'a sauvé. « Ne t'en fais pas... tu sauras. »

Bon, voilà, on ne va pas raconter les détails de la torture... Chacun fait comme il peut. Mourir là, on le voudrait, tout le temps. Mais c'était très compliqué, de mourir. Par exemple, un camarade était sorti en disant : « D'accord, je vais vous montrer des gens dans la rue. » Quand il est sorti en courant en espérant se faire tirer dessus, pas du tout, il a été repris et torturé à nouveau... Non, c'était très compliqué de mourir. À tel point qu'ils faisaient des simulacres d'exécutions. Avec moi, ça ne marchait pas, je leur disais : vas-y tire, tire ! Mais ce n'est pas une question de courage. C'est drôle, la froideur qu'on éprouve à ce moment-là... Je me souviens d'un tortionnaire qui s'est placé à ma droite avec un pistolet. À côté, il y avait un mort. Je pensais qu'il allait me tuer. Il prenait son pistolet et disait « la tête » en visant la tête. Et j'ai pensé : oui, là c'est rapide. Ensuite, il a dit : « le cœur », et j'ai pensé : c'est idiot, s'il vise mal ça va être long. Ensuite, il a dit : « le ventre », et j'ai pensé : oh, ça fait des jours que je ne mange pas, je mettrai trois, quatre heures à mourir. Il a dit : « les pieds », et j'ai pensé les pieds, je crois vraiment... L'autre croit que vous avez peur et vous, vous êtes réfugié dans des calculs absolument hallucinés. Très honnêtement, et ceci n'est pas une reconstruction après-coup, toutes les fois que j'ai senti l'arme appuyée contre moi, j'ai surtout pensé : « Mon pote, la vie, tu peux te la foutre au cul. » En effet, le mec avait du mal, je crois, à penser qu'il avait face à lui quelqu'un de très fâché avec la vie et ne considérait absolument pas comme un grand privilège de continuer cette connerie-là.

Au fait, bien qu'ils soient incapables de théoriser, les tortionnaires savent qu'ils ne triomphent sur vous que s'ils arrivent à vous faire sentir que vous n'êtes qu'un corps qui veut survivre. Or, la résistance à leur traitement est très complexe, personne ne peut s'y préparer. Mais plus encore, personne ne peut juger personne, car même si la première, la deuxième ou la troisième fois, on n'a pas parlé, on ne sait toujours pas pour la suivante. Il y a eu deux régimes de prisonniers. Durant les premiers temps de la révolte, la guérilla était très forte, il y avait encore des syndicats. À ce moment-là, si on survivait à l'interrogatoire, on était présenté à un juge, et on allait en prison. La prison était très dure, mais tout de même, nous étions reconnus prisonniers. Pendant la deuxième période, quand la lutte armée était très affaiblie, ceux qui étaient pris étaient torturés indéfiniment, et ensuite éliminés. À partir de ce moment-là, où nous n'avons plus vu arriver de nouveaux prisonniers, nous avons su que c'était grave.

Peut-on trouver refuge dans quoi que ce soit, à ces moments-là ?

Il n'y a pas une seule défense possible, chacun fait comme il peut. Moi, heureusement, j'ai pu déclencher des mécanismes de

101

défense qui ont bien fonctionné, mais je ne pense pas que nous puissions volontairement les programmer. Il n'y a aucun apprentissage possible. Quelquefois, la peur revient, quand je m'y attends le moins… Je me souviens d'une réunion politique importante en Argentine, il y a peu de temps. J'avais dit au revoir à deux amies au coin d'une rue et j'avais remarqué qu'une voiture nous suivait. Je ne pouvais pas leur dire : « Restez avec moi encore un peu. » J'habitais dans une rue un peu obscure, la voiture nous suivait pour nous intimider, sans doute, et là, je me suis dit : « Qu'est-ce qui se passerait si maintenant, à nouveau… » Je ne sais pas. Est-ce que je pourrais tenir ou pas ? On l'ignore. Il n'y a pas de méthode.

Que signifie parler sous la torture, est-ce irréversible ?

Si vous parlez sous la torture, il se passe un phénomène étrange, irréversible, oui : votre pensée n'a plus aucun prix. Il m'est difficile d'expliquer pourquoi, mais c'est une des choses qui m'ont le plus hanté depuis ces années-là. Si aujourd'hui, par exemple, j'ai mal aux dents, entre aujourd'hui et le jour où la douleur cessera, je serai toujours Miguel, exactement le même. Dans l'expérience de la torture, en revanche, il y a quelque chose d'irréversible.

L'irréversible s'inscrit dans ce passage de la pensée vers le corps. Tout dépend comment il s'effectue, mais quand on sort de la torture, on n'est plus tout à fait le même. Si quelqu'un milite pour la justice, pour la révolte, et qu'il ne tient pas le coup – ce qui ne veut pas dire forcément « trahir » –, si à ce moment-là, en tout cas, la personne est brisée, alors cet homme-là ou cette femme-là ne peut plus penser ce qu'il ou elle pensait auparavant.

Pour une fois dans notre monde de la virtualisation, où nous nous croyons essentiellement déterminés par la pensée, où nous croyons n'être que des consciences, c'est le corps qui, à un moment donné, doit rendre compte de ce que la tête pense.

Comment cela se passait-il ensuite, en prison, entre ceux qui avaient parlé et ceux qui n'avaient pas parlé ?

Quand arrivait dans la prison un camarade brisé, il y avait différentes manières de l'aborder, différentes selon les mouvements révolutionnaires. Les montoneros, par exemple, les condamnaient à mort ou les excluaient de l'organisation. Nous, on avait choisi d'adopter l'attitude inverse, nous les protégions pour pouvoir les réinclure si la personne le souhaitait. Une fois, un commando de l'armée est venu chercher des montoneros en prison pour les tuer. Deux d'entre eux avaient parlé sous la torture, et je me suis aperçu qu'ils étaient seuls, à l'écart. Personne ne leur adressait la parole, et on allait les laisser partir à la mort sans une accolade, sans les embrasser, sans les toucher. Alors, moi et mes camarades de l'ERP, nous les avons entourés et nous nous sommes mis à scander : montoneros, pour leur rendre hommage.

Personnellement, j'avais été désigné par l'ERP en prison à cette responsabilité qui consistait à aider les camarades brisés à se reconstruire. Je fais la différence entre celui qui avait parlé et celui qui sortait brisé, cela n'a rien à voir. « Brisé » signifie vraiment que l'être est « brisé » : il n'est plus là, il y a quelqu'un qui n'est plus là, il se sent absolument vaincu. Si on lui demande : « Que penses-tu de la lutte pour la résistance ? », il ne peut plus rien en penser. Il pourrait dire les mêmes choses qu'avant, mais vous sentez la différence dans le ton de la voix, dans l'inflexion, même. Quelque chose fait que cet homme-là n'habite plus ses paroles, parce que son corps a lâché.

J'avais donc accepté cette tâche de reconstruire psychologiquement, politiquement, les compagnons cassés. Ils étaient très abîmés, et toute information sur notre organisation clandestine en détention risquait de les briser définitivement, car ils savaient qu'ils ne pourraient pas tenir le coup sous la torture à ce moment-là. Il ne fallait pas leur mettre un fardeau supplémentaire. Leur récit me renvoyait aux limites que j'avais connues moi-même dans cette situation. Par exemple, on essaie constamment de gagner du temps : on se dit qu'on parlera la prochaine fois, ou bien on se sert des petites erreurs qu'ils commettent de temps en temps, lorsqu'ils vous lancent : « Elle n'a pas parlé », et vous vous dites :

« Si elle n'a pas parlé, je vais attendre un tout petit peu aussi... »

J'étais entre les mains de l'ennemi, je savais qu'on pouvait recommencer à nous torturer à n'importe quel moment, on pouvait nous tuer aussi, impunément.

Dans un quartier où sont enfermés des combattants, il faut savoir qu'il y a beaucoup à cacher. La prison est comme un gruyère, les murs sont pleins de trous, de petites cachettes, pour les documents ou des livres cachés écrits sur du papier à cigarettes. Il y a toute une organisation clandestine du secret. Ce n'est pas parce qu'on est en prison qu'on abdique, on n'abdique surtout pas, on continue... Dans la seconde période du régime, nous étions déjà vaincus à l'extérieur. Notre situation devenue beaucoup plus dure ; nous n'attendions même plus d'être jugés. Nous avions dès lors la seule responsabilité que les gens ne deviennent pas fous, qu'ils continuent à se former.

On ne nous laissait pas du tout communiquer entre nous, mais nous y parvenions quand même, avec la langue des sourds, le morse, ou pendant les rares moments où l'on pouvait se voir.

Quand on est en prison, on sait qu'il y a une exigence qui nous dépasse. Un jour, par exemple, dans un cachot, on m'a pris avec un papier ; c'était la pire des choses qui pouvait arriver, parce qu'il s'agissait de surcroît d'un cours militaire griffonné sur du papier à cigarettes. J'attendais qu'on vienne me chercher, on allait peut-être me torturer de nouveau, et alors qui sait... Je voyais bien comment en revenaient les autres. La question c'est : *qui* va revenir ? On vient vous chercher, on vous ramène. Et, de fait, on revient, si on n'est pas mort entre-temps, si on a résisté. C'est un officier qui part, ou un jeune combattant. Mais qui revient ? Quelqu'un qui a tout balancé. Ce n'est pas un jugement moral, mais un simple constat. Dans les moments comme ceux-là, on pourrait se cogner la tête contre les murs jusqu'à devenir fou.

Cette idée m'a hanté pendant ces quatre années de prison, et qui continue encore à me poursuivre, même si maintenant ça s'est estompé, c'est l'idée que je pouvais tout à coup repartir vers le lieu de torture, et que celui qui en reviendrait (s'il en revenait jamais) n'allait plus être « moi ». La grande souffrance était que ça n'allait plus être moi, mais que pourtant quelque chose en moi allait se coltiner avec ce déchet qui serait toujours moi. C'était ma hantise. Si je suis sincère, c'était une peur plus grande que ce que j'aurais pu divulguer sur l'organisation interne de la prison : j'aurais pu dire où était un certain poste de radio que nous avions caché, ou bien comment était structurée l'organisation mise en place par les camarades. Mais grosso modo, les militaires savaient presque tout, ils prenaient ce prétexte pour nous briser, pour nous torturer à nouveau.

Oui, c'était ma plus grande hantise : moi, Miguel, peut-être dans un mois, je serais toujours Miguel, fils d'un tel homme et d'une telle femme, j'aurais toujours le même nom, la même gueule, la même mémoire, et pourtant je ne serais plus moi du tout. S'ils me brisent, je ne serai plus moi.

Briser quelqu'un, sous la torture, comme je l'ai déjà expliqué, ce n'est pas le forcer à trahir en révélant deux ou trois choses pour négocier, cela veut dire faire rendre gorge à tout ce qui avait constitué la pensée, le désir, la vérité d'un être.

Or, on a la certitude qu'on ne peut pas faire n'importe quoi parce qu'on n'est pas tout seul. Je ne parle pas de Dieu, ou d'une quelconque transcendance. Simplement, nous nous rendons compte que nous ne sommes pas arrivés là pour quelque chose de personnel. Et cette certitude nous porte. Il faut tenir le coup, parce que personne ne vous demande pourquoi vous êtes là, puisque vous n'êtes pas là pour une raison personnelle. Quelqu'un qui est cassé a perdu cette certitude, il n'a plus aucune confiance en lui : il est ainsi devenu dangereux. Il arrive dans un pavillon où règne une extrême fragilité à cause de la sécurité. Beaucoup d'informations précieuses pour l'ennemi continuent à circuler. Or, il a perdu toute estime de lui-même, et si on le libère, il va continuer à trahir. C'est quelqu'un de potentiellement dangereux pour le pavillon et pour lui-même, parce qu'il est tenu par l'ennemi. Mais nous refusions de le considérer comme un ennemi lui-même. Nous ne pouvions pourtant pas l'incorporer au fonctionnement interne, parce que cela aurait comporté de trop grands risques pour les informations clandestines de la prison. Nous avions décidé, dans mon pavillon, que je devais m'en occuper.

*Est-ce que vous vous souvenez d'une fois
où vous avez assisté à une vraie restauration de l'estime de soi de quelqu'un qui
avait trahi ?*

Je me souviens d'un cas, oui, où mon travail a duré trois ans. C'était un médecin. Il
avait parlé sous la torture, y compris
devant son amie, il l'avait accusée en sa
présence, il leur avait dit : « oui, tu as fait
cela, etc. ». Il avait même accepté de sortir
en voiture avec eux pour leur désigner les
autres résistants. Il s'était transformé en
une enveloppe vide. Qui avait peur.

Ma méthode de travail était celle-là : je
m'approchais de lui comme si j'étais un *gaR-
Ron*, c'est-à-dire quelqu'un qu'on avait pris
par hasard, par erreur – ça arrivait –, c'est
un scénario qu'on avait mis au point. Je me
faisais passer pour un idiot tombé là pour
avoir fait l'amour à une guérillera. Je l'abor-
dais comme si j'étais quelqu'un d'isolé, détes-
tant ses compagnons de prison, puisqu'on
l'avait pris pour un de ces débiles de combattants. Le camarade brisé voit dans ce type
seul la possibilité de pouvoir parler à
quelqu'un. Et il voit en moi un imbécile, certes (s'être fait prendre par erreur !), ou pire,
un idiot qui avait dragué une combattante,
mais quelqu'un qui, au moins, n'allait pas le
juger. Ceci permettait déjà de le prendre en
charge matériellement, depuis le savon, si on
avait la chance d'en avoir reçu de sa famille,
jusqu'aux informations et aux services indis-

pensables à la survie en prison. Être informé en prison, c'est vital.

Je parlais beaucoup avec ce médecin, et pendant tout ce temps commençait un véritable travail de reconstruction. J'évitais d'évoquer les sujets trop politiques, et petit à petit la confiance s'est installée. Il parlait beaucoup de son enfance, de ses parents, des filles. Comme intellectuel, je lui donnais la repartie, mais on parlait surtout des filles. Est venu un jour, un moment, où cela a lentement commencé à basculer, où il a considéré le fait d'avoir parlé comme un échec important, mais que cet événement n'était plus la vérité unique qui condamnait sa vie. À partir de là a débuté une autre période où nous avons parlé de politique. C'était assez drôle parce que, peu à peu, il en est venu à me critiquer, à me dire que j'étais trop dépolitisé ! Il fallait, selon lui, que j'essaye au moins de comprendre que si j'étais là, c'était tout de même parce qu'il y avait un régime injuste, que je ne devais plus m'entêter à détester les guérilleros même si je n'étais pas un combattant. C'était rigolo. Au cours des derniers mois, il devenait insupportable et me harcelait : « Toi, tu connais des gens, ici, tu ne peux pas ne pas connaître la structure politique qui est responsable clandestinement de la prison, je voudrais entrer en contact avec eux. » Moi, je récusais tous rapports avec la guérilla, jusqu'au jour où, de manière plutôt théâtrale, je lui ai dit : « Écoute, la prochaine fois, ça y est, ils sont d'accord, un officier de l'ERP va te contacter. » Le jour dit, je m'approche de lui et il me dit : « Alors, où est-il, cet officier ? » Et il se fâche en pensant que je n'ai rien transmis. Alors je lui réponds : « Il est là, devant toi. » Il ne comprenait pas, je lui ai dit : « Je suis un officier de l'ERP et je suis en ce moment même en train de te parler. » Il y a eu un moment de très grande émotion. Je lui ai dit que depuis deux ans et demi, il était en contact avec l'ERP, mais qu'il fallait un peu le requinquer. Pour lui, c'était difficile d'identifier celui qui draguait des combattantes, cet idiot d'intellectuel tombé par hasard, à ce responsable qui lui disait que l'ERP ne l'avait jamais laissé tomber.

Au bout d'un moment, il a réussi à réaliser ce qui lui arrivait. Peu à peu, il put métaboliser sa cassure comme on métabolise un échec dans un combat, qui n'est pas la défaite de toute une guerre. Il était arrivé à se dire : « J'ai agi gravement, mais je suis quand même vivant, et je repense comme avant. »

Vous voyez ici que ce que dit Spinoza, « Nul ne sait ce qu'un corps peut », n'est pas une phrase destinée à un universitaire qui s'ennuie ; ici, le camarade croyait qu'il connaissait les limites de son corps, et mon travail consistait simplement à réintroduire ce principe ontologique et éthique de rectitude. Non, vous ne savez pas, personne ne sait, ce qu'un corps peut... Il s'agit de ne pas se réfugier dans la « douce certitude du pire ».

Tout notre travail – en tant qu'analyste, on peut le comprendre –, c'est de dénarcissiser l'échec. Le message que j'avais à lui faire passer était : « Écoute, imbécile, si tu

avais tenu bon, tu serais sans doute insupportable aujourd'hui ; parce que si tu
prends l'échec à ton compte, tu aurais pris
aussi la victoire à ton compte. » Mon mécanisme de dénarcissisation était celui-là. J'en
étais très fier, et je continue de l'être.

Mais les patients qui viennent nous voir
croient eux aussi « en savoir assez », alors
qu'il s'agit de désapprendre selon ce principe en définitive subversif de Socrate :
« Une docte et fondamentale ignorance... »
Il faut dé-savoir, relativiser l'absolu, désapprendre ce qu'on croyait savoir, y compris
sur soi-même.

*Si on arrive à relativiser ce qui se présente
comme l'absolu, on fait déjà un travail thé-
rapeutique.*

Ce travail-là était très joyeux. On était en
prison, empêché de tout, et pourtant nous
faisions ce qu'il y a de plus difficile au
monde. Cela et d'autres choses. Par exemple,
des paysans qui entraient en prison analpha-
bètes en sortaient discutant de physique
quantique. Il y avait une socialisation de tous
les savoirs ; moi, par contre, je suis toujours
incapable de labourer un champ ! Il nous
manquait la pratique. En prison, j'ai travaillé
tous les jours cette question centrale : « comment ne pas devenir chair », « comment ne
pas devenir une enveloppe vide ? ». C'était
ma question centrale, puisque c'était ma responsabilité. On pensait qu'on n'en sortirait
pas vivant. On voyait que les forces révolutionnaires s'atténuaient, qu'il n'y avait aucune

possibilité de résistance, que politiquement la junte militaire était dans un moment d'ascension et que plus personne n'arrivait en prison. Nous n'avions presque plus de contacts avec l'extérieur. Alors, il y a un moment dans lequel on perd l'espoir. Il y a même un moment où j'ai eu la certitude de la fin. Et puis, je ne me suis plus posé la question, personnellement, parce que c'était une question pathologique. Il fallait simplement vivre. Enfin, comme toujours, n'est-ce pas ?

J'ai appris en prison que la liberté n'a pas à voir avec le fait d'être dedans ou dehors. J'ai appris en prison qu'on était libre dans la mesure où on assumait certaines choses inhérentes à la situation donnée.

Alors je peux dire, bien que tout soit de l'ordre des processus de multiplicité, qu'on était libre en prison. Quand on dit que quelqu'un est entre quatre murs en lutte pour sa liberté et qu'à l'intérieur continuent à se développer la pensée, la puissance, la solidarité, que des formes de vie continuent à s'inventer, effectivement on peut dire que la liberté n'est pas une question de murs. Je me souviens d'un soir de Noël où nous avions organisé des petites choses, et il y avait un camarade, parmi nous, qui déprimait. Je me suis approché de lui pour lui dire : c'est rigolo, ce qu'on fait. Il m'a regardé comme si j'étais un martien, et je lui ai répondu du fond du cœur que, s'il n'était pas capable, aujourd'hui, ici, d'avoir le cœur joyeux de vivre ensemble un moment comme celui-là, alors il ne trouverait pas non plus la réalité joyeuse lorsqu'il sortirait. Je me souviens de l'endroit exact où j'étais, mais je ne me souviens pas d'où me venait cette assurance, ce n'était pas une théorie, mais des évidences.

Il ne s'agit pas là de liberté subjective, de liberté dans la tête, mais de liberté comme construction et consolidation de liens, comme praxis.

Je dois pourtant préciser ici que, en prison, la façon de percevoir la détention était très différente pour nous par rapport à la plupart de ceux qui appartenaient à des fractions de lutte classiques. Ceux-là ne vivaient l'incarcération, par exemple, qu'en termes d'« après », de ce qu'ils feraient une fois sortis, et pas de ce qu'ils pouvaient faire à l'intérieur. Pour une partie importante de l'ERP, en revanche, nous avons pu aborder cet état de fait comme une véritable situation que nous devions vivre radicalement au présent. Et dans beaucoup de pavillons à l'intérieur de la prison, cela provoquait des révolutions internes. Ce qui était impensable auparavant est arrivé, à savoir que la base a renversé la direction. La hiérarchie du groupe de guérilla clandestin en prison (de l'ERP, par exemple) posait un problème : en effet, si un officier de la résistance restait dix ans en détention, il restait pendant tout ce temps-là le chef de ses compagnons emprisonnés. Certains ont alors décidé de remettre en cause cette hiérarchie, qui correspondait à celle de l'organisation armée mais ne prenait pas forcément en compte la réalité de la prison. À un moment donné, il y a eu une assomption de la situation.

Nous avons repensé la prison en tant que lieu de contre-pouvoir, à cette différence près que ce n'était pas seulement un effort de pensée, puisque nous y étions assignés ! Cette assomption signifie pour nous, aujourd'hui : le communisme n'est pas autre chose que les pas vers le communisme. Ce n'est pas un état final. Le communisme est l'exigence communiste dans chaque situation, et ça divise les eaux de tous les contestataires du monde entier. Cette critique du modèle est une critique de la vision de la politique révolutionnaire comme étant une succession de moments transitifs ordonnés par une promesse messianique.

C'est-à-dire : soit le communisme, comme société de la justice, est une société qui se conforme à un modèle, soit la justice (et le communisme), ce sont les actes de justice, comme dirait Socrate. C'est ce que nous avons découvert en le vivant ; ce qui nous a conduits à une confrontation avec les montoneros qui ne partageaient pas cette pensée, et je dirais même que cela nous a opposés à plusieurs de nos camarades qui trouvaient insolite de dire que l'enjeu véritable, c'est ici et maintenant. Je reviens sur ce point parce que tout ce que j'ai voulu construire ensuite en tant que philosophe de la liberté et de la situation part de l'hypothèse qu'il n'y a de l'universel qu'en situation, en acte (universel concret). C'était déjà en germe dans la manière dont nous avons vécu et pensé la prison, et plus tard, dans la poursuite de la résistance. Les montoneros, eux, parlaient le plus souvent en termes d'universel abstrait, et certains d'entre eux, à titre individuel cer-

114

tes, sont allés jusqu'à créer des régimes de collaboration avec l'ennemi, au nom de « la fin justifie les moyens ». Ceux-là prétendaient qu'il fallait sauver les forces coûte que coûte, puisque leur objectif était « l'après-dictature ». Ils théorisaient leurs positions en disant qu'ils coopéraient avec une fraction de l'armée parce que, étant vaincus, ils devaient trouver les moyens d'assurer la révolution finale, dans dix ans ou dans un siècle.

Un livre a relaté la manière dont une partie de la direction de guérilla montoneros coopérait dans l'École de mécanique de l'armée avec les militaires tout en ayant l'étrange conscience de ne pas collaborer. Et ils continuent à l'affirmer. Or, « sauver les forces » signifie être dans cette logique transitive. La vérité du moment n'est plus envisagée qu'en relation avec une situation hypothétique virtuelle et future, de manière que le présent devienne virtuel.

En prison, la décision que notre groupe a prise de se fonder sur la situation présente nous éloignait de toute pratique totalitaire dans laquelle, au nom de la fin, on justifie les moyens. C'est là que s'est forgée ce qu'on nomme, dans une nouvelle vision de radicalité politique, la théorie de la situation. Comme la logique de l'affrontement dont nous parlions tout à l'heure, un autre des pièges fondamentaux des mouvements révolutionnaires dans notre siècle fut et reste la lecture du présent à partir d'un universel abstrait. Cela signifie que ce qu'on est en train de faire n'a aucune importance en soi, car il n'existe qu'en vue d'un objectif à venir, qui n'est pas encore. C'est la voie sans issue qui mène les peuples à attendre Godot, douloureusement et tragiquement.

Il faut savoir « qu'attendre Godot » non seulement nous submerge dans cette passion triste qu'est l'espérance, mais que cela a pour effet immédiat la disciplinarisation de la société. C'est une manière de nous dire : obéissez maintenant, demain vous serez libres. Demain, toujours demain...

La distinction entre la fin et les moyens n'est-elle pas l'une des justifications du capitalisme qui, au nom de l'efficacité ou de la valeur, justifiera, par exemple, des licenciements massifs, au nom d'un bien-être « plus grand » pour un plus grand nombre de gens qui seraient supposés capitaliser ainsi le profit ?

Cette distinction entre fin et moyens est précisément la structure même de la séparation capitaliste. Qui peut séparer les moyens de la fin, quand bien même le ferait-il au nom de l'anticapitalisme, ne ferait qu'alimenter le capitalisme.

À l'inverse, l'anticapitalisme consiste à accepter le profond ancrage de la fin dans les moyens, de reconnaître même leur identité. La fin est toujours dans les moyens. Ceci n'empêche nullement d'agir en élaborant des projets avec des étapes et des réussites souhaitées. Il s'agit de comprendre que la construction du chemin représente l'objectif même, qui est le devenir et non pas un point d'arrêt quelconque. La fin est tellement et inévitablement confondue avec les moyens que, en restant dans l'impuissance de l'attente, chacun se rendra compte que ce qu'il croyait être un moyen était inévitablement une fin : l'attente.

Ce que nous, « guévaristes », avons réalisé en prison nous a été à tous, et nous est encore, infiniment précieux. Pour moi, cette problématique a été fondatrice. Le noyau de la contre-offensive réside dans cette idée que la contestation, la révolte, la lutte pour la liberté n'ont pas simplement l'horizon futur d'une société plus juste, mais qu'elles répondent à une exigence dans le présent ; elles se réalisent à chaque instant.

Votre travail d'analyste auprès d'enfants et d'adultes n'a probablement fait que renforcer par la suite cette conviction acquise en prison. Cette praxis de la liberté dont vous parlez est une expérience qu'il est rare d'éprouver dans cette radicalité. Lorsqu'on n'a pas connu la détention ni la torture, comment comprendre l'importance vitale de cette liberté en acte qui ne dépend pas des circonstances, mais d'un état d'être qui ne se détermine qu'intérieurement et au présent...

Après, en tant qu'analyste, en tant qu'homme, tout simplement, j'ai constaté, comme je l'ai dit, que la liberté n'était pas une question d'être dedans ou dehors. Être dedans ou dehors est une question de justice, de confort. Être dedans est plus injuste qu'être dehors. Mais la liberté et la justice ne sont pas la même chose. La justice, c'est quelque chose qu'on peut identifier avec des états (au sens philosophique), des formes, mais la liberté, non, c'est ce qui, dans toute situation, apparaît comme un défi. Pour beaucoup de camarades, comme pour moi, je dois admettre que nous avons souvent eu plus de mal à être libres une fois sortis de prison, dans des vies où il y a moins d'injustice, que lorsque nous étions là-bas. La plupart ont confondu l'arrêt de l'injustice avec la liberté, et ils ont arrêté de chercher, de travailler, de penser, comme ils l'avaient fait en prison.

Alors quand vous êtes venu en France, cette difficulté d'être libre « au-dehors », de ne plus être dans un combat vital, vous a-t-elle accompagné longtemps ? Le fait d'avoir été torturé et détenu dans des conditions si violentes, si terribles, établissait-il une distance à jamais infranchissable entre vous et les autres ?

Dans la vie de la plupart des individus, le fait de ne pas avoir été combattant reste un poids terrible, dans le sens où la majorité des gens possèdent des idées ou des opinions, mais ne les incarnent pas ; elles ne deviennent jamais le corps de leur corps. C'est *La Chute* de Camus. Du coup, ils vous admirent et vous en veulent.

De mon côté, j'ai expliqué comment, une fois arrivé en France, j'avais construit un sophisme selon lequel seule comptait la pensée. Je me rends compte que j'ai fait cela pour me faire accepter par les autres, pour réduire cette distance. Maintenant je l'accepte, je crois. Cette distance est là, c'est tout. Ce passage par le corps, cette expérience que le désaveu est possible, habite mon regard sur les êtres.

C'est pourquoi je ne comprenais pas ce que voulait dire le mot « velléitaire ». Dans ma vie d'intellectuel, de militant, qu'on puisse être velléitaire était impensable. C'était une catégorie qui m'échappait. Au contraire, j'aimais le Quichotte pour sa folie sans distance. Le Quichotte est un type qui lit un livre, plusieurs livres, qui pense : « Cela est très bien », et qui, ensuite, va réaliser ce qu'il a lu, ou tout du moins qui essaiera...

Nous, les guévaristes de la première ou de la deuxième génération, nous étions des gens très particuliers ; je m'en rends compte vingt et un ans plus tard. Même au temps des *Temps modernes*, avec Sartre et Pierre Goldmann, quand il y avait eu ce projet de faire une section des *Temps modernes* avec le collectif « Malgré tout » ; pour moi, cette distance entre la résolution et l'action restait inexplicable. L'aventure, au sens guévariste, témoigne précisément du fait que nous n'avons pas déliré, nous n'avons pas halluciné, c'était vraiment l'histoire des peuples en route... Je passais mon temps à être un idiot. J'étais invité à un dîner et quelqu'un me faisait part de son enthousiasme, de son envie de participer à une action collective, et dès le lendemain je l'appelais en lui disant : puisque tu y crois, viens, on y va. Je prenais ses mots pour de l'argent comptant. Je croyais la parole des autres plus incarnée qu'elle ne l'était. Et systématiquement j'étais déçu en constatant ce qui n'est qu'une réalité sociale, à savoir que la parole n'est que très rarement incarnée. Pour moi, elle ne pouvait que l'être. Cela crée des ennuis dans la vie de tous les jours, en tant que père, en tant qu'ami, en tant qu'amant, on est agaçant parce qu'il nous est impossible d'être léger.

Il y a des choses difficiles à raconter, vous essayez de les raconter, ici, maintenant, dans ce livre, mais l'événement de la torture, si l'on peut l'appeler ainsi, reste intraduisible pour les autres.

Il y a des choses difficiles à nommer... Cette difficulté, lorsqu'elle a trait à la torture, est relative à la place que prend celle-ci dans notre société occidentale. C'est une surprise que je ressens encore aujourd'hui, d'être conscient qu'autour de cette question, il s'est passé quelque chose qui a à voir avec les fondements de notre culture. J'ai travaillé sur ce sujet, j'ai essayé de comprendre, j'ai même écrit un livre, *Utopie et Liberté*, dans lequel l'hypothèse centrale est qu'anthropologiquement, dans chaque culture, il y a une place de l'intouchable, dans la mesure où chaque société ressemble à un puzzle atypique à l'intérieur duquel l'élément central doit être manquant. Cette pièce manquante, c'est la fonction de l'incertitude, de l'indétermination. Cela a à voir avec le sacré, pas le sacré au sens du religieux, mais cette tangente d'infini, d'éternité, qui engendre une société. L'intouchable est toujours ce qui occupe le lieu mythique à partir duquel se crée une culture. Porter atteinte à cet élément fondateur, qui peut être certains animaux, certains livres selon les civilisations, revient à souiller la culture même. D'un point de vue anthropologique, c'est un constat banal.

Notre culture est la première à mettre à la place de l'intouchable l'homme, le corps de l'homme. Mythiquement parlant, elle se considère comme créée par lui. L'homme doit être intouchable.

Au-delà de la spectacularité de la chose, la question que je me suis posée, à la fois pour ne pas devenir fou et pour comprendre, était : « Mais qu'est-ce que j'ai vécu ? » Qu'est-ce qu'ont pu vivre les gens que j'aimais qui ait pu être si dangereux et central pour nos contemporains d'un point de vue anthropologique ? Pourquoi ce qui est si litigieux dans notre société pouvait être banalisé dans d'autres cultures ? Ainsi, dans *Surveiller et Punir,* Foucault rapporte le tourment de Damien, torturé en public sur la place de Grève. Il se base sur les textes écrits et consignés par ses contemporains qui ne voyaient là rien qui portât atteinte au ciment de leur société. Force nous est de constater que nous vivons une civilisation dans laquelle la torture est un tabou absolu. Même le tortionnaire convaincu a toujours le souci de se défendre : « On commet des meurtres, mais on ne torture pas. » Les Russes, il y a encore peu de temps, acceptaient tout ce qui se passe en Tchétchénie, sauf la torture. Des massacres, des viols, détruire des villes entières, araser entièrement la capitale tchétchène... mais la torture, non. Alors ce tabou-là accompagne le monde entier, et surtout le torturé. Comme de surcroît, en prison, mon travail était lié à la torture et aux prisonniers que j'aidais à se reconstruire, l'hypothèse centrale à laquelle je suis parvenu, c'est qu'entre les civilisations qui pouvaient torturer sur la place publique et la nôtre où l'on peut tout admettre sauf la torture, le véritable changement, c'est le lieu de l'intouchable, celui du créateur mythique de la culture en question.

Vous aussi, vous avez été « atteint » irrémédiablement...

C'est très compliqué à vivre, parce que pour reconstruire les « tissus cassés » (dans tous les sens du terme), on se dit, moi Pedro, moi Maria, moi Miguel, on m'a fait cela, cela a duré un mois ou deux mois. Il y a quelque chose à reconstruire qui, si on se trompe en le prenant pour quelque chose d'individuel, pourrait ressembler à tout état post-traumatique, que ce soit un accident ou une opération. Dans ce cas, on pourrait l'assimiler à une souffrance individuelle du corps, et risquer ainsi la folie. Parce que alors il y a un trou noir dans lequel toute notre vie disparaît, et il reste une béance inexplicable. Il y a là du non-symbolisable, un trou qui ne peut pas se métaboliser. Ce travail de métabolisation exige une compréhension et un engagement, avec la complexité de ce que nous avons vécu et qui dépasse largement la dimension personnelle.

Souvenez-vous de *En attendant Godot*, quand Estragon dit : « Mais l'humanité ici et maintenant, c'est nous deux. » Ce qui m'est arrivé, je ne peux pas en rendre compte si je parle en mon nom. Et pourtant, ça m'est arrivé, oui, mais ça m'est arrivé sous condition que « cela *est* arrivé ». Pour celui qui a subi la torture, cette articulation a quelque chose de très particulier qui est ce que Leibniz dit de l'univers : il est dans chaque monade. D'une certaine façon, pour nous, c'était une réalité.

Ce qui vous arrive, *ça* arrive. Au début de la lutte des femmes, on le voyait constamment à l'œuvre. Une femme était insultée et maltraitée par son compagnon. Elle avait ce vécu glorieux de dire : « Si c'était juste pour moi, je laisserais cet homme me traiter comme ça, mais il y a quelque chose dont je suis porteuse, qui est la féminité et que je n'ai pas le droit de brader. » Autrement dit, quelque chose apparaît entre elle et elle-même, un espace virtuel, une potentialité qui fait que ce n'est plus supportable, pas seulement à cause de la souffrance mais aussi au nom d'une dignité, d'un projet, d'une transcendance (immanente).

Tout de même, il est impossible de comparer la souffrance de cette femme et celle du torturé.

Ce n'est pas pour banaliser la torture que j'établis cette comparaison. Et ces expériences-là sont des expériences que les gens peuvent faire dans leur vie de façon optionnelle.

Pour les torturés, il n'y a pas d'option. Il faut assumer ce croisement qui est le propre de la tragédie de Sophocle, quand le corps de quelqu'un devient la scène de l'universel. Dans l'expérience de « ce qui m'arrive, ça arrive », il est important d'entendre « ça arrive ». L'universel est une expérience qu'un ouvrier peut faire s'il se trouve face à un patron qui essaie de l'humilier et veut le traiter comme de la chair, et qu'il répond : j'appartiens à une « classe ». Ici, la classe renvoie à l'universel, comme dans la logique formelle. Dans la torture, sous le versant de l'horreur, c'est ce qui se passe. On n'a pas seulement souffert, mais ce qu'on a vécu n'est compréhensible, n'est métabolisable, que dans la mesure où nous pouvons sortir hors de nous-mêmes. Or, c'est beaucoup demander, et ça se passe très mal chez les anciennes victimes de la torture. Quand on a vécu cela, soit on est porté par un désir de pouvoir et on considère la torture comme un très mauvais moment à passer, en espérant que l'heure de la vengeance est proche, soit on a envie de fermer la fenêtre et de se cacher – chose que j'ai faite aussi, en partie, dans ma vie –, on a envie de se cacher en soi. Il est important de voir cette dimension-là, parce que dans les récits sous la forme d'une répétition permanente de ce qu'on a subi, il y a cette incapacité à tisser un récit, et on a du mal à voir que ce qui est arrivé à quelqu'un, ça arrive. Et si on ne peut pas articuler ces deux niveaux, on manque l'essentiel.

Dans mon travail de philosophe, à mesure que j'avance en maturité, que j'étudie, que je cherche, la déconstruction de l'individu devient l'élément central de mon travail.

Or, l'expérience de la torture est une expérience qui s'inscrit exactement à cet endroit. Je racontais la peur que je ressentais, quand j'étais en prison, de subir à nouveau la torture : je voyais revenir les camarades, et celui qui revenait était un autre. J'ai voulu en parler dans ce livre, mais j'ai du mal à rapporter ce qui pour moi était une expérience concrète de la discontinuité totale : « Mais qu'est-ce qui continue ? Qu'est-ce qui reste ? Qu'est-ce qui fait lien ? »

La question de savoir si un homme est définitivement brisé ou s'il peut être reconstruit n'est pas simplement une question pratique, c'est une question philosophique : qu'est-ce qu'un sujet, et qu'est-ce qui le fonde ?

C'est pourquoi la solution la plus simple était celle des montoneros : les condamner à mort, ou exclure ses propres camarades. La nôtre était beaucoup plus risquée, mais nous avions conscience, nous, les camarades de l'ERP, qu'il se jouait quelque chose, là, qui était plus important que la révolution même, ou bien que ces choses étaient « ici et maintenant » la révolution elle-même ! Nous savions que trouver une réponse pratique à la possibilité qu'un homme soit détissé comme un pull-over, et trouver quel était le noyau de réel à partir duquel on pouvait retisser un homme, était une question métaphysique fondamentale. Pour nous, cette question métaphysique était si essentielle qu'il nous a été douloureux, plus tard, en France, de se rendre compte que la majeure partie des gens qui traitaient de ces problèmes ne s'en préoccupaient pas réellement.

Pour moi, cette question-là, « Quel est le noyau de réel chez un être humain ? », est absolument tragique. Et pour certains camarades que je vois défiler dans ma tête au moment où j'écris, surtout l'un d'entre eux, qui avait seize ans quand il est arrivé en prison et qu'on appelait *Guri* (ça signifie « le bébé » en langue guarani)... Pour quelques-uns d'entre eux, nous savions que cette question était plus importante que celle de la révolution, dans un sens social et politique. Cette question philosophique, de l'essence, était inévitable.

Je crois que les montoneros, qui condamnaient à mort ceux qui parlaient, sont restés piégés dans la question de l'identité. Pour eux, un combattant qui avait parlé sous la torture était le même que celui qui était avec eux dans la prison. Le fait d'avoir parlé sous la torture faisait « point de capiton » (la vérité finale d'un homme). La délation faisait effet de vérité sur la vie du camarade après-coup. Tout à coup, on expliquait tout à partir de là, on totalisait une vie après-coup, à la lumière de cet événement terrible qui est de parler sous la torture, d'une façon arbitraire, totalisante et brutale. Parce que toute adhésion à un moi qui perdure de façon trans-situationnelle ne peut être, à mon avis, que source de mal et d'horreur.

126

Le mal est l'identification de ce néant à quelque chose. Nous, on était très jeunes, surtout les officiers, les responsables, j'étais numéro deux de mon pavillon pendant des années, mais on avait fait quelque chose qui était très intéressant et auquel je reste très fidèle : on avait trouvé cette vérité douloureuse d'un point de vue narcissique, d'un point de vue identitaire, et qui était cette idée de la discontinuité du moi. Et sans aller jusqu'au fait que Socrate assis n'est pas le même que Socrate debout, effectivement, on disait il n'y a de rationalité, il n'y a d'être, d'existence, qu'en situation.

Spinoza, lui, disait que les idées vraies sont les idées adéquates. Adéquates à quoi ? Les idées sont adéquates quand la pensée correspond à l'étendue, quand une hypothèse de la pensée correspond à un devenir de l'étendue. Ou bien cela produit de la vie (idées adéquates), ou bien cela produit des simulacres, de la mort, la diminution de la vie (idées inadéquates). Ce pourrait être un numéro spécial de la revue *Esprit* – un joli exercice intellectuel, mais c'était pour nous de la pratique.

C'est aller à l'encontre de la vision romantique du héros qui est presque programmé depuis sa naissance pour être un héros, et le jour où il tombe, c'est qu'il ne l'a jamais été...

Le héros, au sens où il faut tenir le coup, est une chose qu'il faut pouvoir assumer plus ou moins. Moi, je crois à ces mots de Brecht : « Quelqu'un qui lutte un jour, c'est très bien, quelqu'un qui lutte un mois, c'est formidable, quelqu'un qui lutte trois ans, c'est très rare, mais ceux qui luttent toute leur vie, ceux-là sont les indispensables. » C'est une traduction libre.

Contre l'idéologie de la médiocrité donnée par les postmodernes, il faut soutenir qu'il y a une possibilité d'assumer de l'asymétrie dans une situation. Il y a des gens qui en assument plus que d'autres, mais c'est proprement événementiel, au sens où Alain Badiou traite l'événement. Sur le coup, on fait une hypothèse qui apparaît sous la forme d'un pari. En prison, entre les camarades qui acceptaient qu'il y ait dans leurs rangs des condamnés à mort parce qu'ils avaient parlé et nous, la séparation était claire. Ils nous disaient : vous êtes trop idéalistes, trop optimistes, nous, nous sommes lucides.

Vous pensez donc que, sur le plan psychologique, il n'y a pas de continuité du moi, mais une illusion de continuité qui nous fait tout bêtement croire que nous sommes toujours nous-même.

Francisco Varella évoque cette illusion de continuité de l'identité du moi pour donner une explication « occidentale » du karma : « la formation historique des différents automatismes et tendances dans notre vie est ce que les bouddhistes entendent d'ordinaire par karma. C'est cette accumulation qui donne sa continuité au sentiment si évident, dans la vie ordinaire non réflexive, qu'il est un moi ».

Il y a, en revanche, une continuité onto-logique au-delà du moi. Mais il n'est question d'ontologie qu'en situations. Même si celles-ci sont également discontinues, chacune d'elles contient l'univers à sa façon, selon son mode, comme les monades de Leibniz. Ceux qui deviennent les résistants dans une situation donnée ne le sont pas *sui generis,* comme par un effet de révélation. Ce sont ces « tendances » qu'évoque Varella, qui tissent ainsi, de situation en situation, des destins singuliers.

Je pense que ces rendez-vous-là constituent peu à peu le sujet. Il n'existe pas d'individu, d'« homme sans qualité » qui, confronté aux rendez-vous du destin, les manquerait ou les assumerait tour à tour. Antoine Vitez disait très clairement de quoi il s'agit là : « La paresse est la première des canailleries. » Non pas la paresse anti-utilitariste de Lafargue, bien entendu. Mais cette paresse qui nous fait esquiver la chose. Cette paresse qui, tout compte fait, nous prive de la joie, ce pourquoi Deleuze affirmait justement que la tristesse est toujours réactionnaire.

Or, les hommes s'abandonnent de plus en plus à la fatalité, à cette « douce certitude du pire » qui caractérise, entre autres, les époques obscures. S'abandonner à la fatalité sous couvert de la liberté individuelle, ce fameux libre arbitre, la lâcheté, la paresse, l'égoïsme serait le choix courageusement assumé par nos contemporains.

Votre vision se situe presque à l'inverse du diagnostic freudien : il faudrait lire les vies

non à partir du trauma, mais de la joie !
Spinoza contre Freud... Pourquoi pas ?
Nous ne serions pas des sujets de manque,
le désir ne naîtrait pas d'un manque quel-
conque constitutif de l'être humain, mais de
la rencontre ou du refus de la plénitude.

Au-delà de toute vision métaphysique, les
êtres, comme les situations, sont toujours
complets : le désir naît de l'excès, il est
l'excès, même. Il faut, mais oui ! renverser
la perspective. Face aux rendez-vous non
assumés par le sujet, qui sont une myriade,
ce qui compte dans une vie, c'est la petite
quantité de rendez-vous assumés. C'est
aussi renverser la perspective par rapport à
la morale chrétienne, à l'assomption de la
douleur qui marquerait les étapes dans le
chemin de nos vies, et non la joie... Mais
sur ce thème, nous sommes tout bêtement
spinozistes et néoplatoniciens. C'est l'événement de cette joie qui compte. Et le mal,
c'est simplement le constat que tout n'est
pas joie. Le froid, c'est simplement
l'absence de chaleur. Il n'y a pas de froid, le
froid n'existe pas, il n'y a pas de définition
du froid, la seule question valable est :
comment peut-il y avoir de la chaleur ?

Je crois qu'il y a des moments infinitésimaux, des renversements, il y a des
moments où l'on assume, puis on revient en
arrière, puis on assume à nouveau, et là
comptent énormément les passeurs dans la
vie d'un être humain, dans une vie singulière. On n'assume jamais tout seul.
L'assomption est par excellence ce qui ne se
produit pas dans la solitude. Car quand

bien même nous serions seuls en tant que corps, seuls dans un lieu, quand nous assumons, nous nous relions à l'universel.

Le mal « en soi », peut-être... Mais quand la souffrance se porte sur le corps, je pense aux enfants blessés, malformés, handicapés, quand ça se marque dans le corps dès le départ, le sentiment d'injustice est terrible...

Je refuse la catégorie de handicapés, je la refuse pour une raison profonde, et pas seulement pour une question de termes... Mon expérience clinique m'a montré que quand bien même la maladie est terrible ou très avancée, quand bien même la personne est dissociée, il y a des « handicapés de mauvaise foi » et des « handicapés de bonne foi ». La mauvaise foi signifie que nous croyons à l'identification, où chaque élément est entièrement surdéterminé, identifié à son étiquette. Or, A n'est jamais « seulement » égal à A. J'ai vingt ans d'expérience clinique en pédopsychiatrie – sinon je n'oserais pas parler avec tant de certitude –, et j'ai vu des enfants avec un diagnostic d'autisme (le mot est culturellement daté) qui vivaient un tout petit éclair de joie avec quelqu'un, avec une fenêtre, avec un objet, avec un animal. Ou bien qui les refusaient.

J'ai vécu en tant que thérapeute d'enfants dits autistes le moment dans lequel cet enfant apparaît animé par ce quelque chose qui fait de lui un sujet multiple, comme nous tous, et non pas ce que définit l'étiquette

« autiste ». À l'instar du garçon de café de *L'Être et le Néant*, de Sartre, un autiste ne sera jamais seulement un autiste. Il n'y a aucune raison pour que la multiplicité humaine « autiste » s'identifie à l'identité taxinomique de ce que l'hôpital nomme « autisme ». Et cette multiplicité réelle de l'enfant qui est là, on la rencontre en tant que clinicien, pour peu que, nous-même, nous enjambions notre identité taxinomique de « thérapeute ». Il m'est arrivé souvent de rencontrer des autistes à travers la musique, les rythmes. Pour rencontrer la multiplicité du patient, il nous faut déjà assumer la nôtre ! Et la plupart de nos collègues qui ont fait dix ans d'études jusqu'au doctorat puis quinze ans pour être nommés psychanalystes n'ont pas envie de descendre de ce piédestal qu'ils ont eu tant de mal à gravir pour assumer cette multiplicité et, tout en restant de sages adultes, se relier à ce noyau de folie qui nous habite tous. Ils l'oublient, et pire, ils le nient, c'est la triste réalité quotidienne du travail clinique.

Le capitalisme a besoin – comme l'écrit Foucault – de s'exercer sur le corps...

Il a besoin de gouverner les corps concrètement, il lui faut normaliser le corps, dire quel corps est normal et quel corps ne l'est pas. Et comment le corps doit s'utiliser lui-même, comment nous devons, chacun d'entre nous, être en tant que corps. Et tout ceci est ordonné par l'utilitarisme, une hiérarchie humaine qui n'est pas fondée sur la race (c'est pourquoi l'antiracisme est tout à fait toléré) mais sur la capacité des corps à être utilisables. Pour pouvoir exercer cette taxinomie préalable et dire quel corps est utilisable et quel corps ne l'est pas, on va créer pour la première fois de l'histoire de l'humanité une catégorie inexistante dans toutes les autres cultures : la catégorie du handicap.

Le handicap est une catégorie très intéressante parce qu'il est construit de toutes pièces, et il n'existe dans aucune autre culture. Le capitalisme veut construire cette idée selon laquelle on peut reconnaître le handicapé : quelqu'un qui est débile mental, qui est fou, à qui il manque un doigt ou un bras, qui n'a pas l'usage de ses jambes, qui est trop vieux, qui est trop gros, et même maintenant quelqu'un qui est trop pauvre, sera un handicapé social. Le handicap sera un sac fourre-tout où sont mis tous ceux qui ne sont pas dans la norme. Le sac fourre-tout du handicap se définit par tous ceux qui sont exclus, ceux qui sont trop faibles par rapport à une « loi de la jungle » du capitalisme. Personne n'aurait idée de percevoir Cervantès comme un handicapé à qui il manquait un bras et qui, dans l'« atelier écriture », aurait écrit le *Quichotte*, personne n'aurait eu l'idée de dire que Dali était un schizophrène qui peignait, et pourtant Dali était aussi fou que Cervantès manchot. Nous allons construire sur des éléments de la réalité un mensonge, une fiction. Cette fiction consiste à donner un sens aux différents modes d'être des gens.

Alors nous allons dire : comment, ne remarques-tu pas qu'il manque un bras à Dupont ? Oui, mais s'il était un Indien d'une tribu d'Amérique du Sud, peut-être que le manque de son bras serait le témoignage de son pouvoir, il l'aurait perdu au combat ou à la chasse, et personne n'aurait idée de mettre le « Dupont indien » dans le même sac que l'idiot du village, ou que celui qui est trop vieux, ou que celui qui est saoul. Le handicap part de ce qu'on appelle une perception normalisée, ce qui permet de qualifier en termes d'utilité les peuples, les gens, les hommes, les nations.

La perception normalisée consiste à extraire de la multiplicité qui est en chacun de nous un élément qui d'abord représente le multiple et qui ensuite écrase le multiple. De cette manière, on établit pour chaque personne une étiquette, une « essence » qui non seulement ne précède pas l'existence, mais qui discipline, ordonne et normalise toute l'existence de la personne au nom de cette étiquette.

Le handicapé, le pauvre, le fils d'ouvrier, le SDF, chacun d'entre nous doit identifier, ordonner son existence multiple à la tyrannie d'une essence/étiquette qui n'est rien. C'est pourquoi ce que notre société fait avec les handicapés a pour fonction de servir comme banque d'essai à ce qui, plus tard, se fera à l'échelle de toute la société. Nous sommes en réalité tous handicapés, non parce que nous ne sommes pas « autonomes », sinon bien au contraire parce que nous adhérons à cet idéal normalisant d'une « autonomie individuelle ».

134

Cela me fait rire quand j'entends dire aux travailleurs sociaux et à certains politiques qu'il ne faut pas permettre que se crée une dépendance des personnes à problèmes, qu'il faut les aider à se sortir « toutes seules » des problèmes sans créer une dépendance... C'est comique, parce que dans aucune famille bourgeoise les enfants ne s'en sortent tout seuls, au contraire, ils sont dans une dépendance totale d'héritage, de trafic d'influence, du partage du capital, etc., dépendance sous laquelle ces gens « normaux » vivent toute leur vie. L'idéal d'autonomie est valide en ceci seulement qu'il permet de culpabiliser les pauvres, pour abandonner les gens à la dureté de leur chemin.

N'est-ce pas une vision excessivement idéaliste ?

Marie se déplace en fauteuil roulant, c'est un constat, une réalité... Marie se déplace peut-être en fauteuil, mais rien ne permet d'identifier la multiplicité qu'est Marie au fait de se déplacer en fauteuil. Et en quoi ce fauteuil serait-il l'essence de Marie ? Le handicap part de cette perception normalisée d'un être utilisable en tant qu'être humain dont on va effacer la multiplicité pour n'isoler que le trait du handicap. Perception normalisée parce que effectivement, quand je vois quelqu'un en fauteuil à roulettes, je vois un handicapé. Je vois ce qu'idéologiquement je suis prêt à voir. La perception normalisée est sordide

135

et drôle quand on dit que tous les Noirs se ressemblent parce que l'étiquette noire est tellement forte qu'elle efface la multiplicité, et tous les handicapés vont se ressembler, tous les sourds...

Pensez donc que chacun d'entre nous est la victime de ce phénomène, de mon point de vue, tous les bourgeois se ressemblent, en réalité, à peine vois-je une différence de sexe... Mais ce que je vois en général est un faux sérieux, cette attitude imbécile de supériorité qui leur donne droit de se sentir propriétaires de la vie, de la vie et du monde.

C'est la tendance naturelle à écraser la multiplicité pour devenir un individu identifié à l'étiquette productiviste sociale. De ce point de vue, la lutte contre les frontières et les parcages sociaux est une lutte profondément communiste – et seulement de surcroît anticapitaliste. Notre société ne tolère pas la vision de ceux qui sont tombés et ne se relèvent pas, notre société veut s'autoérotiser, et nous persuader que nous sommes les plus puissants, en nous conduisant à construire des murs derrière lesquels nous voulons parquer la fragilité. Cela fait longtemps que je travaille du côté des voies de garage de la société. Quand quelqu'un est tétraplégique, tremblotant, si on prend le temps de comprendre ce qu'il dit, on voit bien ce qui peut expliquer l'humiliation dans le regard de compassion des autres. Nous sommes tellement habitués à ne voir que la surface de l'autre, son « handicap » justement, que percevoir tout un univers conceptuel derrière cet être-là est profondément surprenant. À mes yeux, la lutte pour la liberté passe par des pratiques concrètes comme celle que nous pouvons conduire avec lesdits « handicapés », par exemple, quand nous luttons contre cette discrimination. Il s'agit très concrètement de réassumer la fragilité de la vie, de s'opposer à cette séparation qui fait que certaines personnes sont les porteurs, les représentants de la fragilité.

L'université populaire que nous sommes aujourd'hui en train de construire dans la Cité des 4 000 à La Courneuve est de cet ordre. L'image habituelle que nous avons de cette cité est celle d'une masse de souffrances, de violences. Or, quand nous travaillons dans la cité, nous voyons tout autre chose... Ce n'est pas parce qu'une femme est voilée qu'elle a une caractérologie stéréotypée de banlieue, ou bien qu'elle ne dispose pas d'un savoir sur son état, sur la société... La lutte commence par la prise en compte de la multiplicité de ceux que nous avons parqués, étiquetés, avant même de se poser la question de leur communauté.

L'université populaire de la Cité des 4 000 est l'exemple d'un lieu de construction et de diffusion des savoirs, des créations, justement un lieu emblématique où ceux qui ont du pouvoir ne voient que des problèmes.

Handicapés et prisonniers : retrouve-t-on dans les deux cas cette gestion des corps ?

Lors d'une récente journée d'étude, c'est effectivement la comparaison que j'ai faite. La question posée par les équipes et lesdits

137

« handicapés » était de dire : quand j'ai besoin que quelqu'un me torche, me couche, me nettoie, ou même qui m'aide si je fais l'amour avec mon amie, comment avoir de l'intimité ? Et moi, j'ai donné un exemple qui a ceci de joyeux qu'il a renversé la chose : c'est ce qui se passait pour nous en prison. D'ailleurs, tous parlaient du handicap comme je parlais de la prison. J'expliquai que, pendant les premiers temps de la prison, avant d'être confinés dans l'isolement pendant des années, nous étions trois, ou quatre, ou cinq camarades dans une cellule. Et dans la cellule, il y avait un W.-C. à la turque, commun. Au début, je me suis dit que je préférerais mourir plutôt que d'y aller devant eux tous, voilà l'intimité... Parce que le pouvoir est toujours donné par le pouvoir de regarder l'autre. Si l'autre est objet de regard, je suis sujet – il est objet, il y a un rapport de pouvoir qui s'établit par cette intimité, ou pas. Cette intimité dont jouissent certains, et d'autres pas. Moi, je racontais que je me suis vite mis au pas dans la cellule et que mes camarades ne déviaient pas nécessairement le regard, mais rien n'était vexant venant d'eux. Par contre, si un gardien entrait et nous regardait, c'était humiliant. On voit bien comme le viol de l'intimité en tant que pouvoir sur l'autre ne tient pas à une faiblesse ou à une fragilité, mais au fait d'être réduit à n'être qu'un objet de regard ; c'est-à-dire que tout dépend du type de regard qui est dirigé vers nous.

Les regards de mes camarades sur ma fragilité, qui était aussi la leur, n'étaient pas humiliants parce qu'ils ne s'en emparaient pas, il n'y avait pas de jouissance malsaine. On peut dire de même que cela nous arrive à tous d'aider de vieilles personnes qu'on aime quand elles sont malades, sans parler de nos enfants, et d'être dans des rapports de grande intimité où il s'agit de vomi, de corps malades, mais où paradoxalement l'intimité est préservée. Parce que l'intimité est ce qui permet de composer en tant que multiplicité à partir d'une fragilité partagée. Je m'occupe de laver une personne que j'aime, pas parce que je suis fort mais parce qu'il y a quelque chose de notre amour, de notre amitié qui doit prendre cela en charge. Quand je ne laisse pas tomber mon bébé des bras, je ne sens pas un pouvoir énorme sur lui, s'il tombe je suis mort de peine. La fragilité, c'est un état où le partage n'est pas optionnel. Il y avait au cours de cette rencontre la présence du procureur de la République de Poitiers, et il a pris la parole pour dire : « C'est drôle, ce que vous racontez, parce qu'en France nous avons eu ce problème dans les cellules : les W.-C. à la vue de tout le monde ; il fallait construire un mur, mais ce ne pouvait être un endroit fermé [soi-disant pour qu'ils ne se suicident pas !], il va donc falloir que ce soit observable d'un côté, soit du côté des codétenus, soit par les matons, et bien entendu c'est ce côté-là qui a été choisi. » Lesdits handicapés comprenaient très bien ce type de discours. Ce sont des décisions gravissimes.

Il faut savoir que la question de l'intimité, ou au contraire de la promiscuité, est une question hautement politique ; en réalité, dans notre société, il existe tout un tas de gens qui, de par leur pauvreté, parce qu'ils sont étrangers, ou malades, ou prisonniers, etc., ne possèdent plus le droit à l'intimité. L'intimité est un privilège qui marque des territoires, qui détermine des pouvoirs et des moyens d'oppression. Il suffit de voir, dans un lieu de travail, comment s'identifient le pouvoir et l'intimité, le bureau et l'intimité du « chef » sont sacrés, et plus bas, au poulailler, pardon, je voulais dire plus bas dans la hiérarchie, les gens doivent supporter la promiscuité, ils doivent même être objets de regards, de statistiques, de contrôles panoptiques. La vie « privée » est directement proportionnelle à la propriété privée que chacun possède.

Celui qui ne possède rien est un pur objet pour les autres, et doit se comporter en accord avec cela, parce que sinon on trouve que c'est un pauvre ou un handicapé qui n'assume pas son rôle, et nous faisons alors appel au psychologue, ou au politique, ou au policier, quelquefois les trois.

Pour moi, la politique, c'est ça. Chaque fois qu'il y a une emprise possible et que l'être humain n'y cède pas. Quel héroïsme ! Il n'y a pas de grands gestes, il y a des gestes que nous allons appeler de grands gestes parce qu'ils coïncident avec un moment de rupture, après quoi les choses ne seront plus jamais comme avant – disons la dernière balle d'une révolution –, même dans ce cas, le geste est toujours petit, il n'y a pas de « grands gestes ». Je raconte cette histoire parce qu'elle me semble s'inscrire dans une myriade d'actes et de pratiques au niveau du micro-pouvoir. Le capitalisme, nous ne pouvons le dépasser que dans des pratiques concrètes, tangibles, ici et maintenant.

Donc, vous vous inscrivez aussi contre le discours qui vise la « réinsertion » normative des handicapés dans le monde du travail.

Effectivement, dans le cas des handicapés par exemple, notre radicalité consiste aussi à revendiquer la profonde et foncière inutilité de l'homme. Alors que le discours néo-libéral consiste à dire : ils peuvent quand même être utiles, donc ils sont réinsérables. Nous pensons qu'il faut créer des solidarités dans lesquelles non seulement nous n'essayons pas de rendre les handicapés des ersatz productifs, mais de dire que la société de l'utilitarisme a conduit la société au bord de son autodestruction. Donc nous qui sommes parqués comme les faibles de la société, nous n'allons pas demander en plus comme la chose la plus fantastique de venir augmenter cette vie utilitariste, et nous affirmons qu'il y a une profonde inutilité de l'homme. La lutte pour la dignité desdits « handicapés » en France est aussi une lutte contre l'utilitarisme.

Il faut insister sur le refus d'avoir une pensée de la globalité. Il n'y a de la politique qu'en situation – il n'y a pas de politique extrasituationnelle. En Amérique du Sud, par exemple, des milliers d'Indiens occupent des milliers de kilomètres de terre, et il s'agit là encore d'une lutte

141

concrète : où nous sommes, nous vivons, donc c'est à nous. C'est une pensée de la situation. Est-ce que les handicapés vont changer le monde ? Est-ce que les Indiens sans terre vont changer le monde ? Changer le monde n'est pas autre chose que changer la situation en relation avec d'autres situations. Le contre-pouvoir s'établit par le lien entre les situations qui composent entre elles, mais le contre-pouvoir ne doit pas devenir une structure surprasituationnelle.

Vous avez toujours tenté de comprendre le monde et les liens humains également en termes « mathématiques », autrement dit sur le plan d'une épistémologie. Pouvez-vous nous aider un peu dans cette lecture-là ?

Dans ce que nous essayons de comprendre, il y a quelque chose qui n'est pas étranger au véritable nœud épistémologique de notre époque ; ce qu'aujourd'hui on appelle les niveaux d'émergence. L'histoire que nous sommes en train de reconstruire à partir d'une histoire singulière, au sens spinoziste où la singularité ne s'oppose pas à l'universalité, correspond aussi bien à l'évolution de tout un mouvement de la pensée, qui va des Lumières jusqu'à la perte des certitudes de la raison, puis à la reconstruction d'un nouveau socle épistémologique. Celui-ci fonctionne à partir d'expériences et d'hypothèses parfois contradictoires.

Quand a eu lieu, pour vous, ce constat de rupture avec le socle épistémologique antérieur sur lequel se fondait la pensée ?

Probablement autour de 1900 dans le domaine des sciences dures, mais aussi dans les sciences humaines. En revanche, il faudra plus d'un siècle pour que les sphères politiques, économiques et sociales assument cet effondrement, c'est-à-dire au moment où il devient leur réalité.

Cette assomption sociale sera d'abord marquée par une époque très idéologisée – la postmodernité – dans laquelle tout sera question de récit, le règne du relativisme. Aujourd'hui, nous entrons dans une nouvelle étape, celle de l'apparition d'un nouveau socle épistémologique, où la notion des niveaux d'émergence forme la figure centrale.

Tout se passe comme si la modernité avait construit une sorte de croyance déterministe qui se fragmente vers ce qui paraît être un chaos total. Nous vivons à une époque où l'on assume le fait que le chaos lui-même était déterministe. Qu'effectivement, il n'y a pas qu'un mouvement d'entropie, ou de perte d'organisation à l'œuvre dans le vivant, la matière, le monde, mais qu'au contraire cette perte d'organisation connaît des noyaux d'auto-organisation. C'est l'un des éléments centraux, aujourd'hui, de la reconstruction de la pensée. Ce que nous appelons un « niveau d'émergence », autrement dit le surgissement de l'ordre, de l'auto-organisation au milieu du chaos, s'articule avec une pensée de la situation et de la discontinuité. Les niveaux d'émergence correspondent à la théorie de la situation selon laquelle celle-ci produit un sens interne, même si aucun principe téléologique n'ordonne les situations entre elles. Il n'y a du sens émergent que dans la situation, et pour la situation.

Le sens est inhérent à la situation, dans la mesure où celle-ci, pour se développer, pour exister dans son conatus, doit suivre un sens qui n'est pas symétrique à son contraire. Mais ceci ne nous replonge nullement dans le vitalisme spontanéisme car, là, le sens est téléologique.

Ne risquez-vous pas l'identification de ce que vous appelez ces niveaux d'émergence avec les effets d'une pensée de la Providence ?

Si quelque chose peut être identifié à la Providence, comme la conçoivent Proclus ou Damascius, elle ne sera pas autre chose que le constat de l'existence d'une situation, qui s'auto-affirme. Si nous disons qu'un niveau d'émergence, d'auto-organisation de la matière ou d'une situation, existe, alors le fait même d'exister est son sens. Certaines situations persistent alors que d'autres périclitent : il y a bien une tension... Une situation disparaît vers le simulacre ou au contraire gagne en puissance, dans la mesure où les éléments (les habitants de la situation) composent ou décomposent. La tendance de mode d'être (situation) consiste à se maintenir et à croître dans son conatus, écrit Spinoza. Interroger cette tendance nous conduit aux apories de la métaphysique.

Vouloir exister et exister sont une même chose. Nul vouloir ne précède l'existence.

Nous ne pouvons que constater une concomitance. Quand des gens soutiennent que la nature est l'œuvre d'un « grand architecte », d'un Dieu, ils le font souvent à partir d'un émerveillement face à l'organisation du vivant. Je trouve drôle que, face au merveilleux, on ait tendance à donner une explication aussi peu merveilleuse que celle de l'imbécile tirant les ficelles en coulisse. Le merveilleux, c'est justement de constater qu'un niveau d'organisation peut émerger d'un soubassement étranger à toute téléologie. La vie se veut elle-même... La vie veut la vie, mais pas en tant que vitalisme, puisque exister et vouloir sont une et même chose. Je le vois par rapport à des amis croyants : je ne trouve d'ailleurs rien à redire au fait qu'ils présentent cette auto-organisation comme la volonté de la Providence. Quelle importance : ce dieu-là n'existe que sous sa forme présente et en situation.

Il y a une quotidienneté de l'être qui me semble fondamentale.

Cette quotidienneté de l'être n'existe qu'en situation. Qu'est-ce au juste pour vous qu'une situation ? Est-ce à entendre au sens du situationnisme des années 70 ?

La situation est comme une bête vivante. Il faut la définir à partir de ce qu'en ont dit Whitehead et les logiciens : elle est toujours mêlée à d'autres, au point qu'on ne peut pas vraiment *être* nommé, ni départager aucune d'elles de manière taxinomique. La clôture opérationnelle d'une situation – comme disent ceux qui parlent des niveaux d'émergence –, selon Varella, signifie qu'une entité n'est pas uniquement réactionnelle : elle s'apparente plutôt à la naissance d'un monde. Cette existence-là est un fonctionnement. Qu'est-ce qu'un être humain ? Un homme, une femme, en tant que singularité ? On ne trouve rien d'humain dans les atomes et les molécules qui le composent.

Ainsi, les éléments qui composent les soubassements de tout niveau d'organisation de la matière sont multiples, changeants, en permanent devenir. Nous ne pouvons jamais définir ou expliquer un niveau d'émergence par les éléments qui le composent. C'est pourquoi une situation ne s'identifie pas au catalogue de ses composantes. Elle implique toujours un fonctionnement et une tendance.

IV

Le retour

Vous êtes arrivé à Paris en 1978... Quelles ont été les circonstances de votre libération ?

J'ai été « sorti » de prison et emmené à Paris après un marchandage diplomatique entre les gouvernements argentin et français, un hasard de calendrier, en quelque sorte. Ce n'est qu'une fois arrivé ici, le 4 septembre 1978, que j'ai compris que j'étais « libre », comme on dit. Alors que l'idée de suicide ne m'avait jamais traversé la tête en prison, j'y ai pensé pour la première fois à Paris.

À l'époque, j'étais enfermé depuis quelques années à la prison de Resistencia, dans la province d'El Chaco, loin de Buenos Aires. J'étais sous le régime de sécurité maximal, celui qui avait été mis en place pour briser les militants. L'armée avait recruté des psychologues et des psychiatres pour les conseiller. Ils torturaient par exemple quelqu'un pendant plusieurs heures, en pleine nuit, pour nous rendre fous de peur. C'est drôle, parce que les plus effrayés par les prisonniers qui finissaient par perdre la raison étaient les gardiens eux-mêmes. Je me souviens en particulier d'un camarade qui devenait fou. J'ai appelé un officier de la prison et je lui ai donné l'ordre d'ouvrir ma cellule chaque fois que l'autre entrait en crise. Je ne devais moi-même plus aller très bien pour me mettre à donner des ordres aux militaires. Le plus surprenant, c'est qu'il m'a obéi.

Alors, comme souvent dans ma vie, j'ai eu la chance de ne pas avoir le temps de m'occuper de ma propre peur, car j'avais la responsabilité de ceux qui allaient encore plus mal. Les gardiens nous changeaient le régime sans cesse, donnaient des ordres contradictoires, bref, faisaient tout pour nous rendre dingues. Ceci était l'écorce. Le plus angoissant pour nous était de constater qu'aucun nouveau prisonnier n'arrivait plus depuis quelques années. Le plan d'extermination avait commencé. D'un coup, on venait chercher en cellule tous ceux qui avaient participé à une opération. Ils ne revenaient jamais. Quand ils sont venus me chercher pour m'emmener à Buenos Aires, je n'étais donc pas rassuré. Nos services de renseignements internes, et plus précisément ceux des montoneros, avaient eu l'information que j'allais être conduit à Paris dans les trois jours à venir. Je suis allé voir mon responsable pour l'en informer. Apparemment, il a passé un très bon moment, c'était toujours ça de gagné. Il n'arrêtait pas de rire. Puis, il m'a regardé et m'a dit : « Toi ? tu ne sortiras jamais. »

Six heures plus tard, je sortais. Un groupe de militaires armés jusqu'aux dents, peut-être pour me flatter sur mon éventuelle dangerosité, m'ont bandé les yeux, attaché, puis jeté à terre dans une jeep de l'armée. Penché sur mon oreille, l'un d'eux m'a alors dit quelque chose que je n'oublierai jamais : « Ne te fais pas de souci : ce voyage est un aller-retour. » D'abord, cela m'a désespéré. Je me suis dit que les montoneros s'étaient trompés. On m'emmenait juste à la garnison pour me torturer avant de me reconduire. Mais cela ne collait pas avec les modalités de ce transfert-là.

En fait, ces fils de pute me faisaient gentiment savoir que mon voyage n'était pas comme celui qu'ils faisaient faire à tous les autres prisonniers : un aller simple.

J'ai appris plus tard qu'une grande mobilisation avait eu lieu en France contre l'organisation du Mondial de football en Argentine, en 1978. Le « Coba », fondé par François Gèze et Jean-Marie Brohm, avait notamment organisé des manifestations de plus de cinquante mille personnes pour appeler au boycott de la finale. Un tract demandait la libération de huit ou neuf Franco-Argentins détenus par la junte. J'avais rencontré François Gèze à Buenos Aires en 1972, il faisait un livre sur l'Argentine, nous étions devenus amis, nous le sommes toujours. Sur la liste, il avait mis mon nom, moi qui n'avais jamais mis les pieds en France et qui ne parlais pas un mot de français.

En fait, avec l'Argentine, le gouvernement français avait surtout des relations commerciales, des ventes d'armes, notamment. Mais pour ne pas avoir l'air de se désintéresser complètement des Droits de l'homme, et même d'avoir quelques exigences face à la junte, l'Élysée a demandé la libération de deux religieuses françaises, dont la disparition à Buenos Aires avait fait grand bruit en France. Malheureusement, cette demande était impossible à satisfaire : elles étaient mortes sous la torture. Pour couvrir l'affaire, Paris a alors transigé en demandant la libération des Franco-Argentins de la liste du Coba. La junte militaire a accepté, sauf pour deux personnes : Roberto Sanchez, qui est mort il y a quelque temps dans l'attaque d'une garnison, et moi. Nous étions considérés comme trop dangereux. Puis, finalement, l'accord a été passé. C'est Maurice Papon qui a été désigné comme chef de la délégation envoyée à Buenos Aires à la fois pour parler commerce avec la dictature et ramener les « Francais libérés ». J'étais ainsi, à mon insu, le volet humanitaire d'une affaire politico-économique.

Quand je suis arrivé en 1978 à Paris, l'histoire avait opéré un tour. Il y avait encore un mode de vie soixante-huitard, une subjectivité soixante-huitarde, mais une raison déjà néo-libérale et postmoderne. On pouvait se tromper facilement en se fiant aux apparences. Beaucoup de gens avaient l'air très enthousiastes sur la révolution, mais ils pensaient déjà comme des entrepreneurs. Les axes et les hypothèses d'émancipation pour lesquels j'avais souffert étaient déjà devenus incompréhensibles. Je me souviens des premiers interviews, c'était le début de l'idéologie du « droit-de-l'hommisme » dont on a parlé, la doctrine du : « Il faut sauver les corps, l'apologie de la bonne victime. » La surprise venait quand on me parlait des Droits de l'homme, moi, je ne parlais pas de « ma » torture, mais du fait que je l'avais en somme « méritée ». Je rencontrais pour la première fois cette idée d'un monde où tout « isme » était fasciste, et qu'à vouloir améliorer la vie, on ne pouvait que tomber dans le pire... À un monde déserté par le sens de l'histoire avait succédé un monde habité par le sens des affaires. Les affaires, l'intérêt immédiat, propre. C'était une confusion, pas encore une idéologie. Cela allait le devenir, avec la postmodernité triomphante et ses petits maîtres-penseurs. Je me suis trouvé face à cette théorie-là, où moi, sortant de prison et souffrant encore de mes blessures, j'étais assimilé à un personnage suspect, sous prétexte que j'avais pris les armes contre les militaires... Je me sentais doublement isolé : d'une part de mes camarades qui continuaient à lutter sans voir cette rupture historique, et d'autre part des intellectuels, qui pensaient cette crise mais n'avaient plus aucun désir de changement. Pour la première fois en un siècle et demi, les avant-gardes politiques ne correspondaient plus aux avant-gardes scientifiques.

Depuis ce moment-là jusqu'à aujourd'hui, ma position tient sur cette tension entre une pratique et une théorie de l'émancipation, qui tiennent compte de cette rupture. Comme nous le verrons plus tard, la contre-offensive qui a lieu aujourd'hui se fonde sur ce pari-là.

Lorsque vous êtes arrivé en France a commencé, dites-vous, l'époque du « droit-de-l'hommisme », comme vous la nommez. Elle s'est étendue ensuite aux politiques des ONG internationales et a gagné l'opinion tout entière. Plus personne n'était indifférent aux croisades menées sur les multiples fronts où s'exerçait la résistance au nom des « Droits de l'homme ». Vous êtes très sévère envers ce mouvement, pourquoi ?

La question de la torture est devenue après-coup un élément central du « droit-de-l'hommisme ». Dans l'échelle des violations des Droits de l'homme, la torture est l'image de la cruauté maximale. Le raisonnement des défenseurs des Droits de l'homme est un récit tout à fait totalitaire qui se structure autour de la torture en déclarant qu'il faut renoncer à changer le monde, qu'il faut renoncer à vouloir rétablir la justice sociale. Ils disent cela d'un air de sagesse tout acquise : nous nous contenterons d'abolir la torture, et ainsi défendre les Droits de l'homme.

Quand vous avez été libéré, est-ce déjà à ce raisonnement que vous avez été confronté ?

J'ai été libéré au moment de la rupture entre la période révolutionnaire des années 70 et le début de la montée en force du révisionnisme postmoderne. Commence alors cette période de la supposée « lutte contre le mal ». La postmodernité pense que nous n'avons qu'à lutter « contre le mal et les méchants » et renoncer à se battre en vain « pour les gentils » ; vive la complexité !

Faisons profil bas donc, luttons contre le mal... Mais pas pour le bien, parce que c'est trop demander ! Notre époque se fonde sur une impossibilité totale qui nous laisse dans l'impuissance : on veut renoncer à quelque chose de multiple, de relatif, qui est toujours un acte, une construction, le bien, pour s'attaquer au mal. Or, s'attaquer au mal, c'est s'attaquer à un absolu qui n'a pas une existence propre. Donc, c'est se condamner deux fois, doublement.

Notre époque qui se prétend si lucide pose, ni plus ni moins, comme le plus grand des objectifs ce qui est par essence inatteignable. Notre époque si peu utopique, si peu chimérique, est noyée dans une vision de la chimère, car elle ne lutte plus pour la justice sociale, pour la solidarité, elle veut simplement éliminer le mal. C'est ce qui fonde toute la politique du droit d'ingérence : on peut bombarder des populations civiles, on peut massacrer des gens comme le font les Nations unies au nom de la lutte contre le mal, c'est même très consensuel aujourd'hui. Tout le monde est critique vis-à-vis des Américains, mais on est d'accord avec les Américains parce que les bombardements américains au Kosovo, à Belgrade, etc., se faisaient au nom de la lutte contre le mal. Il faut le dire et le démontrer, parce que c'est un élément très mortifère de l'idéologie actuelle. Il suffit maintenant de dire par où passe le mal pour se justifier. Tout se passe comme si, pour en finir avec l'anthropophagie, on dévorait les anthropophages ! Le mal est amplifié dans le processus même par lequel on le combat.

Je me situe dans une position assez poststructuraliste, donc loin de moi toute pensée d'un Big Brother du mal ! Mais nous sommes sommés d'adhérer ou de résister face aux stratégies qui dominent une époque. Le problème qui se pose à nous ici est un problème pour la philosophie du sujet, car les structures et les combinatoires n'ont nul besoin d'être pensées par rapport à l'homme. Cela dit, là, quand on parle précisément de stratégies capitalistes, on parle de quelque chose de globalement destructeur. Oui. Le capitaliste produit des stratégies qui lui sont propres et qui passent par l'utilitarisme. L'utilitarisme n'est pas voulu par certains hommes contre d'autres hommes, l'utilitarisme est une stratégie qui s'autodéfinit. Bien que certains hommes en profitent et que d'autres en soient les victimes, chaque être humain en pâtit puisqu'il participe à l'humanité. Il est trop facile de croire que, parce que quelqu'un peut jouir des bénéfices matériels que lui donne la place de l'oppression, il ne paye pas les conséquences du système injuste. La jouissance de l'oppresseur est au prix de condamner sa propre vie à être réduite au minimum, structurée par l'égoïsme et la stérilité. Le méchant n'est ainsi jamais impuni car, par sa barbarie, il est ipso facto privé de toutes les dimensions les plus subtiles et les plus profondes qui font la joie de vivre.

La vie correspond à une fragilité dans laquelle tous les éléments sont nécessairement interconnectés, et cela ne se mesure pas en termes de domination, de réussite d'un élément par rapport à l'autre.

L'homme est une passion inutile, énonce Sartre. Il y a une façon de nommer cette fragilité humaine dans laquelle la méritocratie, la recherche de confort, le fait d'être un prédateur sont des corollaires d'une combinatoire capitaliste qui, avant d'être contre l'homme, est surtout indépendante de l'homme.

La postmodernité, donc, au nom de la fin des grands récits, propose le plus totalitaire des récits : abandonner tout changement. Aux postmodernes qui avaient besoin de situer le mal dans la torture, je répondrais « naïvement » que si on voulait à tout prix éviter la torture, il suffisait de ne pas se révolter.

Ce qui fonde une asymétrie entre le récit et le corps est ce moment délirant, la torture, dans lequel effectivement on vous rappelle que vous avez un corps, et que votre corps n'est pas forcément d'accord avec votre tête. C'est d'ailleurs ce que vous dit clairement le tortionnaire. Il essaye de réduire le militant à n'être qu'un corps endolori. Il essaye de vous faire devenir seulement corps, or, un corps n'est jamais quelque chose de définissable mais s'inscrit dans, par, et pour des projets concrets. Le tortionnaire essaye de vous réduire à la position de la survie, de « sauver le corps » en oubliant toute subjectivité désirante. Vous pouvez imaginer ma surprise quand, arrivant en France, je rencontre cette pensée du tortionnaire, cette fois dans la bouche des défenseurs du « droit-de-l'hommisme » ! Le fameux : « il faut sauver les corps » opère la même réduction de l'homme à son corps, en laissant de côté toute la dimension symbolique, historique, à ceci près que cette fois, c'était énoncé à partir de la défense des Droits de l'homme.

Le corps, ici, n'est-ce pas, signifie la chair. Le corps vivant excède infiniment la chair.

Oui, on ne peut pas sauver les corps sans sauver un projet. Parce que le corps est un projet. À vrai dire, quand quelqu'un dit : il faut sauver les corps, nous devons entendre : il faut sauver la chair. Il faut renoncer aux corps et sauver la chair. Et c'est quand même la grande vengeance de la restauration, ce corps-là qui a construit des projets pratiques d'émancipation artistiques, amoureux, de justice, de pensée. Tout à coup, il fallait qu'il regagne sa place, qu'il redevienne chair. Tout cela va se nouer autour d'une figure centrale qui est la figure du torturé, l'image de celui qui est censé avoir vraiment connu le mal.

Vous savez, si pour Spinoza l'énoncé central de l'éthique est : « nous ne savons pas ce que peut un corps », c'est justement parce que le pouvoir ne pourra jamais définir la forme statique d'un corps. Nous acceptons qu'un corps soit le lieu d'un certain nombre de potentialités, donc, en disant qu'il faut sauver les corps, nous éliminons très clairement l'homme. Hegel l'écrit très clairement, à plusieurs reprises, lorsqu'il dit : « Si nous éliminons la subjectivité d'un homme, c'est l'homme lui-même que nous éliminons... »

Donc, dès votre arrivée en France, vous vous retrouvez au milieu de gens qui veulent faire de vous un « torturé » et vous donnent la parole pour que vous dissertiez sur les Droits de l'homme.

Quand je suis arrivé en France, je n'ai pas tout de suite compris ce qu'on exigeait de moi. J'étais un combattant. Très vite, j'ai réalisé que quelque chose n'allait pas : je ne devais pas être un combattant, personne n'en voulait, ce n'était pas montrable. Tout le monde aurait préféré quelqu'un qui n'aurait pas pris les armes. Si en plus j'avais pu me revendiquer pacifiste... Un pacifiste torturé, cela aurait été parfait. On m'aurait torturé pour savoir où je planquais mes stylos et mon encre. Malheureusement, pour bénéficier de ce « régime spécial de la torture », à mon époque, en tout cas, où la guérilla était en pleine activité, il fallait « en valoir » la peine, posséder des renseignements stratégiques, pouvoir révéler des choses concrètes. S'ils prenaient un journaliste ou un intellectuel, il n'était torturé que s'il était suspecté d'appartenir à une structure clandestine. Ils le tabassaient peut-être.

Sinon, il était tué. Plus tard, la stratégie a changé, toute personne arrêtée était systématiquement torturée, uniquement pour semer la terreur.

Les organisations françaises ou internationales voulaient donc faire de moi « un corps torturé », c'est une drôle d'expérience de vivre cela. Là fut l'équivoque à laquelle je fus sans cesse confronté à mon arrivée en France. Chaque fois qu'Amnesty ou d'autres groupes m'invitaient à une conférence sur les violations des Droits de l'homme, je parlais de ce qui est pour moi un sujet essentiel, c'est-à-dire par exemple des enfants mourant de malnutrition. Les violations des Droits de l'homme, c'est la misère, les plans d'eugénisme et de stérilisation des Indiens à leur insu. Ce sont les plans actuels que dicte le FMI pour qu'un pays soit « bien vu », soit un bon élève du FMI, et cela exige des gouvernements des mesures d'une austérité drastique, les gens sont rarement d'accord avec ces plans qui les laissent sans toit, sans travail, sans médecines, sans vie. Alors ils se rebellent. Ce n'est que si on se révolte contre ces violations-là qu'on est torturé. Or, toutes ces associations prennent la torture comme point de départ : là commence, pour elles, l'infraction aux Droits de l'homme. Je croyais qu'ils se trompaient simplement d'angle de vue, de priorité. J'ai essayé de leur expliquer mon point de vue. Mais en fait, il y a là derrière tout cet édifice du « droit-de-l'hommisme ». En critiquant ces « excès » d'un système, on risque d'en valider la structure même, c'est classique, n'est-ce pas ?

C'est vrai que certains prisonniers de droit commun sont très souvent victimes de mauvais traitements, de torture, au sens où l'entendent ces organisations. Mais je ne peux pas concevoir un pays dans lequel les gens seraient torturés par milliers, et notamment des opposants politiques, sans qu'il y ait eu, au départ, une révolte. C'est dans cette optique que je vais parler de la torture.

L'expérience fondatrice, telle que vous la nommez, a toujours à voir avec le corps...

Un homme finit par ressembler à une espèce d'amibe – le plus souvent, on ne sait même plus si son corps existe ou n'existe pas. Il y a un moment dans lequel les multiples dimensions d'un être prennent une forme amibienne, et ça s'organise. Arrive un moment où ce corps-là (mort ou vivant) n'est plus ce qui marque l'existence d'un être donné.

Le souvenir brûlant de ce petit matin où, face à la torture, je devais me dire : « mais je ne suis pas mon corps » était très difficile. Il ne s'agissait pas d'oublier que nous avions un corps, ni de sacrifier le corps au nom d'une quelconque sublimation, mais au contraire de voir que le corps n'est pas quelque chose de définissable, même pas d'identifiable à la chair. Le corps est cette composition que le corps même a pu faire et à laquelle il a pu participer. Quand on dit : « sauver les corps », je réponds d'accord, à condition qu'on n'identifie pas le corps à la chair. Nul besoin que cette expérience soit douloureuse comme elle l'a été pour nous, comme une blessure à jamais, c'est l'expérience joyeuse de toute composition, l'expérience d'un amour qui n'est pas « jouir de l'autre » comme utilitarisme, mais du fait que le corps est en devenir, ouvert au possible.

« *Je suis mon corps* », *écrivait Gabriel Marcel...*

Le corps, le corps propre, est ce qui nous procure l'illusion d'être « soi-même » – dans le sens de la sentence socratique : « connais-toi toi-même »... La question est bien là, et ce « toi-même », nous ne pouvons en définir par avance les limites. Pour se connaître soi-même, je dois sortir de moi-même, je dois connaître, aimer, composer avec différents êtres, animaux, paysages, situations... C'est très vaste ! Ce chemin qui nous conduit à la connaissance de soi n'a pas de fin. En tout état de cause, cela ne signifie pas : occupe-toi de tes petites affaires, de tes misérables intérêts et oublie le reste – au contraire ! C'est la raison pour laquelle le « il faut sauver les corps » ou « il faut s'occuper de soi », tous ces énoncés ne peuvent pas se formuler si simplement, il faut les penser, les problématiser. Dans notre société, en particulier en France, et je crois en Occident de manière plus générale, il s'agit bien d'énoncés réducteurs qui deviennent sources de tristesse et fabriquent l'impuissance.

Chacun souffre de sa différence avec les autres, mais en même temps, la seule chose qui nous intéresse dans l'autre est de savoir si les autres s'intéressent à nous. S'intéresser à sa petite personne, c'est contribuer à fabriquer en accéléré une réduction de vie, et favoriser son appauvrissement.

Vous insistez sur le fait que nos vies sont des histoires singulières en devenir... Ce qui existe dans une situation, ce sont des modes de l'être qui se développent, et ce développement serait d'autant plus riche qu'en tant que multiplicité, la vie compose. Pourtant, chaque être est et reste un destin singulier.

Il n'existe pas une singularité nommable, parce que dès le moment où on la nomme, le mensonge commence. On ne peut que constater un devenir singulier. L'analyse du garçon de café (de Sartre, dans *L'Être et le Néant*) n'est pas seulement l'analyse d'un garçon de café, car dès le moment où un homme est enfermé dans une définition, une catégorie, il y a mensonge. C'est pourquoi les singularités ne peuvent être constatées que dans un devenir. Il ne peut pas y avoir une taxinomie des singularités, on peut nommer les singularités, mais cette nomination fait partie de la singularité, il n'y a pas d'instance transcendante qui viendrait « nous » nommer de l'extérieur...

Vous savez bien que c'est ce qui fonde la méchanceté, la canaillerie. Cet homme derrière la vitre qui dit à l'étranger : « Ça ne m'intéresse pas que tu meures ou non, ici il manque un timbre, je suis seulement un fonctionnaire, j'obéis aux ordres... », c'est, ni plus ni moins, ce qu'a fait Maurice Papon, et ce qu'ont fait les tortionnaires argentins. S'identifier entièrement à son rôle, se cacher derrière sa fonction, est toujours très grave – quelles qu'en soient les conséquences.

Notre époque a créé une subjectivité pour laquelle la petite histoire ne croise jamais l'histoire sociale, l'histoire de la civilisation, ou, si elle le fait, c'est comme un accident regrettable. Il y a une guerre, il y a une crise économique. Mais cette réalité qui nous environne et qui nous constitue est abordée dans une vision où le monde n'est qu'un décor. Les individus du capitalisme ne croisent l'histoire que comme un incident regrettable. La vraie vie serait ordonnée par les intérêts, les banquiers, même les guerres ne seraient plus, comme disait Clausewitz, la continuation de la politique par d'autres moyens, mais des guerres gestionnaires aussi. Il y a une perte du tragique qui fait que, même en temps de guerre, les victimes sont mises en position de spectateurs de leurs propres souffrances. En tant que thérapeute, je suis confronté sans cesse au manque de ces expériences d'être intriqué dans le monde. Le manque de cette expérience où je me rends compte que je ne suis pas isolé du monde, que le monde n'est pas ce qui vient me déranger régulièrement ou le terrain de ce que je peux utiliser comme prédateur, mais un monde donné. Même les guerres sont perçues comme des événements graves, mais dont la dimension tragique a disparu. La dimension tragique advient chaque fois que quelqu'un prend conscience qu'il n'est pas un individu mais une personne, à l'instar d'Antigone pour laquelle des conflits universaux vont se jouer non pas parce que, par hasard, l'universel se présente à ce moment-là de la tragédie, mais parce que l'universel concret est donné dans toute singularité.

D'où vient cette perte du sens tragique ?

Cette perte du tragique est liée à cette incapacité de se demander : « Par quoi suis-je traversé ? » Nos contemporains se déterminent facilement ainsi : je vais manger, faire l'amour, posséder, mais ils ont du mal à se dire : je suis traversé par une autre dimension de la vie. L'homme contemporain se prétend étanche aux déterminations qui le dépassent.

Pour que se développent des pratiques de liberté ou d'autonomie nouvelles, il faut bien en passer par cette dépossession de soi et admettre que nous sommes traversés par des déterminations qui nous dépassent. En tant qu'analyste, nous le voyons à l'œuvre tous les jours. Mais énoncer cela paraît encore scandaleux, comme si on récusait la volonté. Mais il ne suffit pas de vouloir, ni même de « bien » vouloir...

L'impossibilité de développer des pratiques est le piège de notre époque. Il y a une distinction que fait Leibniz entre le vouloir et le faire. Leibniz dit que ce sont deux combinatoires autonomes : ce n'est pas parce que je veux quelque chose que je le

réalise. J'irai plus loin : si le vouloir coïncide avec le faire, c'est par hasard. À notre
époque, nous avons tellement développé
l'idéologie de l'individu que nous avons
oublié cette distinction. Tout se passe
comme si d'un côté il y avait le monde du
vouloir : personne ne *veut* que les enfants
crèvent de faim, personne ne *veut* la pollution, il y a un nuage toxique de la taille des
États-Unis au-dessus de l'océan Indien, il y
a le trou dans la couche d'ozone, il y a la
pollution des océans, etc. Nous savons bien
que nous sommes en train de vivre un vrai
désastre écologique au niveau mondial, or,
nous pouvons affirmer que personne ne
veut tout cela. Dans la vision classique de
la lutte des classes, nous pouvions dire : le
bourgeois *veut* cela. Mais rien n'est moins
sûr aujourd'hui... Nous voulons le confort,
le pouvoir, mais nous pouvons aussi très
bien assimiler l'antiracisme, l'antisexisme,
les Droits de l'homme, etc., à la pensée
bourgeoise.

Le « vouloir » a pris une autonomie radicale par rapport au « faire », ce que disait
Leibniz il y a trois siècles ! Le vouloir et le
faire sont deux combinatoires indépendan-
tes, seulement l'articulation entre le vouloir
et le faire s'opère à un autre niveau, autrement dit au niveau d'une pensée de la
liberté. Quand je peux penser des pratiques,
je peux développer des pratiques dans tel
ou tel domaine. Il s'agit alors de comprendre que le vouloir ne détermine rien tant
que nous ne développerons pas des pratiques concrètes.

La différence entre vouloir et faire, nous la rencontrons, en tant que cliniciens, lorsque, par exemple, quelqu'un veut cesser d'être dépendant d'un rapport toxique, et c'est là où les psychologues un peu jeunes se trompent en essayant d'infléchir le vouloir du patient, alors que l'autre finalement veut quelque chose et ne fait rien. Alors nous avons vu arriver les médicaments dans le traitement psychanalytique. Nous avons cru que le médicament pourrait continuer le « vouloir guérir » de façon efficace, or, c'est un leurre, car à faire continuer le vouloir par des faits forcés, nous mettons en danger le patient, parce que le vouloir est une dimension indépendante du faire. Et que fait notre époque avec le « faire » ? Elle proclame que les faits sont indépendants de toute conscience, de toute pensée, de toute liberté. On voit le glissement liberticide dangereux. Une chose est d'affirmer que la combinatoire du faire est indépendante de celle du vouloir, autre chose est de dire qu'elle est indépendante de toute pensée, de tout engagement, de tout travail. Ceci n'est pas vrai. Notre époque va placer d'un côté le vouloir, la liberté : par exemple la liberté de la presse, on peut tout dire... On flatte d'autant plus le vouloir que ce vouloir implique tacitement le renoncement au faire. Et d'un autre côté, nous considérons que, dans la sphère pratique, il est nécessaire de forcer la volonté des gens.

Pourquoi est-ce que cela fonctionne ? Parce qu'il y a cette vérité ontologique de la différence entre vouloir et faire, or, ce qui nous intéresse, c'est : est-ce que le faire, parce qu'il est indépendant du vouloir, relève d'un déterminisme nécessaire qu'aucune pensée, aucune action, aucun agir, aucun engagement ne pourrait infléchir ? Si nous voulons trouver le virus pour vacciner notre époque, il faut le chercher à cet endroit-là exactement, en ce point où « la vérité est un moment du mensonge ». De même que le désastre écologique est une combinatoire de renoncements tout petits (Leibniz), une infinitésimalité de mille déterminations qui le provoque. Notre époque dira : « tu ne veux pas cela » (la pollution). Mais le mensonge est que la somme des actes effectués n'a rien à voir avec la liberté. Notre époque n'a plus l'habitude de travailler du côté des actes.

Chaque matin, on nous informe en toute « liberté » que le désastre de l'intoxication alimentaire continue, que les entreprises capitalistes ne cesseront pas de polluer l'atmosphère, etc. Nous pouvons protester, nous pouvons vouloir autre chose, c'est même bien vu de désirer qu'un changement se produise, mais attention ! Parce qu'une quelconque pratique dans le chemin de la résistance active sera fortement réprimée. Il faut bien comprendre que, si c'est bien de « vouloir le bien », agir dans ce sens est répréhensible.

Nous voyons bien qu'il existe partout, au niveau mondial, des solidarités qui se développent, qui résistent, qui persistent malgré tout. Nous voyons que se développent des inventions, des liens nouveaux, les faits sont là. Or, ces actes, nous pouvons les penser, nous pouvons aussi penser les actes qui détruisent la planète et agir, mais cet agissement ne peut pas correspondre à un vouloir, ou alors seulement dans un devenir au sens plus stoïcien du terme, dans un sens où « je veux ce que je suis », où nous ne pouvons que vouloir ce que nous sommes déjà. La fameuse décision cartésienne : « j'arrête de fumer », « j'arrête de voir Marinette », etc., « je m'engage », ce moment-là ne peut qu'être postérieur, parce qu'il se joue tout entier dans le vouloir. Par contre, ce que nous pouvons faire, et que notre société oublie, c'est découvrir dans un véritable « après-coup » ce dans quoi nous sommes engagés. Par exemple, nous pouvons constater que nous étions *de fait* dans des agencements de résistance, et si nous continuons, il va falloir assumer ce que ceci signifie. Par exemple, dans l'amour, personne ne décide : « je vais tomber amoureux », tout à coup, il y a quelque chose que l'on constate à partir de la réalité... Ce constat-là est le seul moment où Leibniz dit qu'il s'agit d'une volonté pleine, une volonté d'assumer. C'est l'idée adéquate de Spinoza.

Cela fonde le mouvement de ce que vous avez appelé : « la nouvelle radicalité ».

Ce que j'ai appelé « la nouvelle radicalité » coïncide précisément avec ce fait d'assumer un changement radical de « point de vue ». On quitte le point de vue du vouloir (aisément identifiable : c'est toujours un programme : quelle société nous voulons, quelle éducation nous voulons...) pour accomplir des actes, sachant que le faire a toujours à voir avec le fait d'assumer une multiplicité de pratiques. Il s'agit en définitive d'abandonner les programmes, les modèles, pour assumer les projets. Dans ce sens, le projet peut apparaître comme ce que Alain Badiou a appelé un « modèle axiomatique », c'est-à-dire un projet pratique qui n'est plus fondé sur un mode identificatoire.

On peut reconnaître, par exemple, que le féminisme était une « série de faire », de projets. Prenons le problème de l'avortement, personne ne « veut » l'avortement, presque tout le monde préfère l'éviter, ne serait-ce que pour des raisons psychologiques évidentes. Donc, la défense du texte de loi qui l'autorise ne correspondait pas à un « vouloir », mais à un « faire ». Des avortements se font, d'autres ne se font pas, et des jeunes femmes sont dans la détresse. Donc, puisque cette pratique, de fait, a lieu, au moins, qu'elle ne puisse pas mettre en danger la vie, la dignité, l'honneur de ces jeunes femmes. De même, nous ne voulons pas qu'il y ait un Parlement et qu'il existe une démocratie, mais puisqu'il y a – de fait – une démocratie et un Parlement, qu'au moins cette démocratie, c'est-à-dire cet ordre social, soit démocratique sérieusement, à savoir que les représentants suivent l'évolution de la base, qu'ils potentialisent la vie de la base et qu'ils ne soient pas, comme dans presque tous les cas, des facteurs d'empêchements, qui servent une virtualisation toujours croissante de la vie en faisant croire aux gens qu'il faut se discipliner et obéir pour que demain, toujours demain !, leur soit donné ce qu'ils méritent.

Nous voyons ici la différence qui existe entre un mouvement de contre-culture, de contre-pouvoir, qui produit des actes dont la liberté est le moteur préalable, et le vouloir être libre qui s'exerce dans une pure idéologie. Que fait la jeune femme qui se sent brimée, qui, parce qu'elle veut parler, parce qu'elle veut penser, se voit rétorquer qu'elle est dans « l'envie de pénis » ? Soit elle adopte l'idéologie de l'ennemi, elle admet que ses désirs sont des bêtises liées au *Penisneid*, soit elle veut ce qu'elle fait, et donc elle se révolte. Vouloir ce que l'on fait n'est pas un détail, cela potentialise la révolte. Mais ce « vouloir ce que l'on fait » va non pas créer un vouloir différent de l'autre, mais des pratiques concrètes d'émancipation.

V

Une époque si lucide

*Vous évoquez la France de 68 et l'Argen-
tine au moment où les mouvements de
résistance se sont organisés. On nous a
beaucoup enseigné ce passé, mais comme si
l'utopie avait fabriqué des vagues de résistances successives qui seraient venues s'effon-
drer contre « la réalité », contre cette réalité
économique qu'on érige aujourd'hui en
mesure de l'histoire !*

Dans la vision classique de la politique, il y
a une terrible équivoque qui consiste à assimiler les révolutionnaires à ce que nous pourrions appeler les « petits maîtres libérateurs ».
Le petit maître libérateur est quelqu'un qui
demande l'obéissance au nom de l'émancipation à venir, ce qui est une procédure typique
des avant-gardes. Ces petits maîtres aigris, ces
militants tristes, passent leur temps à guetter
le moindre mouvement de vie qui se manifeste à l'horizon. Dès qu'il y a une mobilisation, par exemple pour les sans domicile fixe,

ou une mobilisation anticapitaliste ouvrière, ou une mobilisation des femmes, ces petits maîtres sont aux aguets afin d'en récupérer le slogan.

Le petit maître libérateur, au fond, c'est l'homme du ressentiment nietzschéen… Il fonctionne en manipulant l'équivoque entre lui et la multitude, et s'imagine que les manifestations ne se créent spontanément que pour défendre ses slogans. L'image classique du leader révolutionnaire, telle qu'on la perçoit généralement, ressemble à s'y méprendre au Charlot des *Temps modernes* qui, ramassant par hasard un drapeau rouge tombé d'un camion qu'il prend dans sa main, est suivi par une manifestation qu'il croise à l'angle d'une rue et se voit immédiatement « rallié » par la foule en délire. Les militants tristes sont aux aguets d'une vraie mobilisation qu'ils pourront vampiriser. Ensuite, ils tentent d'en reprendre l'organisation spontanée à leur compte ; ce sont des prestataires de services assez efficaces. C'est là que se cristallise l'équivoque, les gens se mobilisent au départ contre un excès d'injustice (à cause de licenciements abusifs, ou de reconductions à la frontière, etc.), et les petits maîtres libérateurs croient pouvoir transformer cette révolte spontanée contre les excès du système en une militance organisée contre la structure de ce même système. Ou alors, d'après le principe deleuzien « résister, c'est créer », des groupes ou des multitudes se lancent effectivement dans des luttes contre le système. Mais, une fois encore, les petits maîtres libérateurs se méfient de ces mouvements-là :

pour eux, l'essentiel, c'est de garder leur place de dirigeant.

Cela finit toujours mal, soit à cause d'un divorce entre la multitude et les objectifs du leader triste, soit parce que la multitude croira au message du leader triste, votera pour lui, se battra pour lui, jusqu'au jour où elle se rendra compte qu'elle a été flouée. Après, la réalité sera encore plus douloureuse, dans la mesure où l'élan de la révolte portait la multitude vers un désir de justice très concret alors que le leader en question désirait, lui, comme dans le poème de Pessoa, « créer la machine à fabriquer le bonheur ». C'est contre l'image de cette militance-là qu'il faut réagir. Nous ne nous attaquons pas à la structure du capitalisme en essayant de vendre notre salade, mais en créant de véritables lieux et possibilités de vie différents. Il ne s'agit pas d'éveiller les masses : les masses n'existent pas, il n'y a que des multitudes dont nous faisons partie. Dans cette multitude, l'engagement, la militance, la résistance consistent à créer des formes de vie puissantes, désirables et belles qui s'amplifient en une véritable création de vie nouvelle et non pas comme des annonces disciplinaires nous disant : « Suivez-moi, je vous promets le bonheur. »

Ce n'est pas parce que nous « haïssons » le monde que nous voulons le changer, mais au contraire parce que nous éprouvons des expériences profondes de joie, d'amour, de vie partagée. La subversion ne naît pas de la haine et du ressentiment. Le désir de s'engager naît de la liberté, de nouvelles dimensions de richesse éthique, spirituelle, qui émergent des expériences concrètes et de la certitude qu'il est possible de développer de nouvelles formes de vie, meilleures, qui surpassent la tristesse sécrétée par notre société.

Je pense, avec Spinoza, que le désir ne naît jamais d'un manque. Le désir est pur excès, pur débordement de la vie qui se désire elle-même dans ses dimensions multiples et sa richesse.

Mais en racontant l'histoire à travers les « petits maîtres libérateurs », ce qu'on a fabriqué, c'est l'oubli. Notre époque a fabriqué l'oubli. Il n'y a rien de plus difficile à fabriquer que l'oubli. Nous croyons que l'oubli est un effacement, comme une trace disparaît peu à peu sur le sable, or, l'oubli, au contraire, mobilise une énergie hors du commun pour construire une digue qui ne tient jamais longtemps. En tant qu'analyste, nous la voyons à l'œuvre constamment, cette patiente fabrique de l'oubli.

Qu'appelez-vous « la fabrique de l'oubli » ?

La construction de l'oubli signifie la réduction du présent à une seule et unique dimension. Saint Augustin explique, dans *Les Confessions,* que le présent a au moins trois dimensions. Il dit ceci : le présent du passé, c'est la mémoire ; le présent du futur, ce sont les possibles qui rendent l'acte nécessaire. Et le présent du présent est cette multidimensionnalité d'un présent profond et multiple qui ne s'épuise pas dans l'instant insaisissable. Le présent, pour Augustin, n'est pas ce maintenant aussi fin et transparent qu'une feuille de calque, qui ne ferait que se dérober et nous plonger dans l'impuissance, mais un temps qui porte en lui les différentes temporalités de l'être. Cette impuissance que ressent l'homme actuel est celle d'un homme qui se vit séparé du réel parce qu'il est plongé dans une suite d'instants minuscules, en permanence sollicité par un tas de choses qui ne le laissent jamais s'ancrer dans ce qu'il vit.

La construction de l'oubli nie que le passé soit une dimension du présent. Alors que le passé est une dimension du présent, au sens où il est ce qui fonde comme un destin les données du présent. Le présent du passé, c'est la donne première, qui demeure toujours actuelle. Le présent du présent, c'est l'assomption de cette donne-là, et le présent du futur, c'est le fait que cette assomption n'est jamais celle d'une essence identique à elle-même, mais un processus de différenciation, de devenir. Le présent n'est pas fondé sur une définition, mais sur une exigence.

Or, dans la postmodernité, nous assistons à ce mouvement de « désontologisation » qui consiste à déconstruire le passé. On nie le passé en en parlant d'une façon réversible, comme s'il existait seulement dans la catégorie du possible. Tout se passe comme si ce que nous appelons « l'histoire » n'était qu'une simple construction de récits, et, qui plus est, de récits sans « méta-récit », sans point d'ancrage qui puisse en certifier ou en légitimer un plutôt que l'autre. Dans l'idéologie postmoderne,

l'objectif est de parvenir à une interprétation consensuelle, comme le voulait déjà le
sophiste face à Socrate. Qui peut convaincre les masses qu'il en sait le plus sur la
médecine : celui qui manie la rhétorique, ou
le médecin ? Celui qui use de la rhétorique,
bien sûr, dit le sophiste. Alors, concluait
Socrate, la vérité doit fonctionner selon un
autre régime que celui de l'opinion de la
majorité. À ceux qui prétendent que l'histoire est une question de récits, nous devons
répondre que tout n'est pas récit.

*Pourtant, on peut dire que nous n'avons
jamais autant archivé, interprété, raconté le
passé. On a même construit des musées
pour la mémoire, bâti des autels pour
l'Holocauste, archivé des centaines de documents en sacralisant la mémoire de telle
sorte que, peut-être, on en a défendu l'accès,
comme on le ferait d'une crypte, nous sépa-
rant de cette mémoire par une volonté for-
cenée de l'archivage intégral.*

La postmodernité a fait du passé un récit.
Il n'y a pas de butée du réel. Est-ce que le
féminisme est pur récit ? Non, le féminisme,
c'est le fait que vous soyez diplômée, que
vous puissiez conduire une voiture, décider
de l'éducation de vos enfants, que vous
puissiez voter ; ce sont des avancées concrètes. La déconstruction du passé nous conduit à la construction de l'oubli. Le passé,
nous le reconnaissons à seules fins de pouvoir le changer à notre guise, or, un passé
modifiable à l'envi, selon les récits, est un

passé linéaire, univoque, appauvri des multiples dimensions des attentes et des actes qui lui ont donné lieu.

Ainsi, la construction de l'oubli, individuelle ou sociale, serait une figure de la subjectivité, une façon de vivre ce que Heidegger nomme « l'oubli de l'être », au sens de l'aliénation du souci.

Constamment, nous sommes dans l'inquiétude, assiégés par des choses qui nous empêchent de penser, d'enjamber cet oubli. Oui, la construction de l'oubli est la construction de l'oubli de l'être. Construire l'oubli, c'est construire le nihilisme, mais dans un effort qui s'inscrit tellement à contre-nature qu'il exige de nous une reconstruction permanente. Or, le nihilisme est un mauvais herbicide mental, il n'arrive jamais à tout éliminer. Il faut en permanence le renforcer, parce qu'il exige l'aliénation du souci, il exige que les gens soient distraits par un quotidien idéologique qui est celui de l'argent, des traites à payer, de la charge matérielle des choses... Nous vivons dans un quotidien où, pour la plupart des gens, il est impossible de se soustraire au souci aliéné et aliénant de la survie. Nous vivons l'époque du triomphe de la réaction contre l'être. Nous ne pouvons que d'une façon paradoxale et antagonique penser Heidegger contre Heidegger. Même si toute époque est marquée de cette lutte tragique entre l'oubli et l'être, nous vivons l'époque du triomphe majoritaire de l'oubli. L'oubli ne peut pas s'enjamber par des opinions. Il ne suffit pas d'opposer à l'idéologie de l'oubli des énoncés contraires, de même qu'il ne suffit pas de soutenir des valeurs contre des valeurs. Ce que nous pouvons opposer à l'oubli, ce sont des pratiques de vie différentes. Et c'est la question même de l'engagement.

Il n'y a contre l'oubli que des pratiques, non des récits. Quand on entend dire que notre époque vit une crise de valeurs, ce n'est pas vrai : toutes les valeurs coexistent, aujourd'hui, on peut faire son marché... En ce qui concerne les pratiques, c'est impossible. Nous sommes dans un monde de valeurs multiples et de pratiques univoques.

La fabrication de l'oubli s'est attaquée à notre passé et à la révolution en tant qu'elle portait la joie. Cette joie était une joie dans laquelle, vraiment, nous avons connu une non-séparation entre ce qui animait *la* vie et ce qui animait *notre* vie. Comment penser à ce moment que j'ai connu en Argentine, dès mon enfance, ce climat de révolte heureuse, malgré l'oppression, avant que le pays ne bascule dans l'horreur ?

Alors, quand je pense à cette première période de l'engagement, et aux événements qui ont précipité la lutte armée, je crois qu'il faut les comprendre au-delà de la restauration, c'est-à-dire au-delà de la reconstruction qu'on en a faite dans cette fabrique de l'oubli universelle qui alimente les récits répandus aujourd'hui sur la révolution sociale en général. Ceux-ci évoquent « l'imaginaire révolutionnaire » et parlent de fourvoiement, en nous disant que nous avons été dupés. Cette prétendue lucidité actuelle concernant ceux qui se seraient fourvoyés en emboîtant le pas aux maîtres-penseurs est non seulement fausse, mais surtout idiote. D'ailleurs, même à ce sujet, s'il y a quelque chose de bancal chez Freud, c'est bien son adhésion au discours du fasciste Lebon et de sa théorie navrante sur la psychologie des masses. L'idée de Freud selon laquelle il existe des masses d'individus est un pléonasme : la masse est toujours une masse d'individus, car là où il y a l'individu, il y a la masse. La masse de ceux qui suivent aveuglément des maîtres-penseurs est le produit d'une pensée d'individu massifié lui-même. Or, ces grands mouvements libertaires étaient des mouvements de multitudes, et la multitude s'oppose à la masse. L'élan libertaire, existentiel, dominait. Les mots, les théories essayaient de rattraper ensuite, après-coup, ce qui dans la réalité de la vie se manifestait déjà.

Pourquoi opposez-vous si radicalement la masse et la multitude ? Dans Le Mythe de l'individu, *vous différenciez l'individu massifié, sérialisé, de la personne pluridimensionnelle, sorte de multitude en un seul être ; est-ce cette même distinction que vous opérez pour le collectif ?*

Il est nécessaire de faire la distinction entre « masses » et « multitudes ». Dans le premier cas, nous sommes en présence d'un mécanisme d'aliénation, d'arraisonnement des gens, d'une identification massive à un leader et à un dogme. En revanche, dans les mouvements impliquant une multitude, nous assistons à une vraie apparition de ce que, dans notre jargon, nous appellerions « des sujets multiples ». Les multitudes et les peuples (pour ne pas parler des « masses », justement) qui descendaient des montagnes, au Pérou, qui se révoltaient dans les bidonvilles au Brésil et en Argentine, les ouvriers, les Indiens, les mineurs agissaient – les théories venaient ensuite. Tout se passait comme le décrivait Foucault, c'est-à-dire que davantage qu'ajouter des théories aux actes, les différentes théories révolutionnaires nous servaient de véritables « caisses à outils ». Quiconque a vécu d'authentiques mouvements révolutionnaires sait que jamais les choses ne se sont passées comme si des leaders avaient brusquement embrigadé des masses d'individus à la manière d'un publicitaire racoleur faisant adhérer à son mensonge des pauvres dupes ! Notre époque a du mal à penser, aujourd'hui, que la vie ait pu se manifester avec une telle puissance.

Si je reviens à la manière dont la postmodernité, selon vous, a fabriqué l'oubli, que dire alors de ce mensonge ? Peut-on rétablir une vérité historique, ou tout récit historique n'est-il qu'une interprétation de plus, et le vôtre, finalement, un témoignage de plus versé au compte de la misère violente de ce siècle ?

Le « révisionnisme » est une catégorie de la théorie de l'histoire qui, pour certains chercheurs, consiste à revisiter l'histoire, dans le sens très sérieux du terme, pour agrandir sans cesse nos connaissances. Mais le terme a pris aussi une connotation différente, celui de remodeler l'histoire non pas en cherchant, d'un point de vue scientifique, des faits, des données réelles pour comprendre ce qui a eu lieu, mais pour construire un simulacre. J'entends par simulacre ce qui se définit en épistémologie par : « la conclusion ordonne l'expérience ».

Le révisionnisme est un simulacre dans la mesure où l'histoire est revisitée à partir du choix de certains faits pour en recouvrir d'autres, les agencer autrement, afin que l'histoire légitime a posteriori quelque chose qui était affirmé au départ. J'ai bien conscience de la charge de sens qui reste attachée à ce mot de « révisionnisme » quand il fait référence à l'histoire récente et au fascisme en particulier en niant, par exemple, l'existence des chambres à gaz. Nous ne l'utilisons pas dans ce sens, mais pour diagnostiquer une maladie de la théorie de l'histoire. De ce point de vue, le révisionnisme dont nous parlons consiste à reconstruire le passé des années 60, 70, pour se convaincre que c'était une époque hautement idéologique et pour mieux justifier le cynisme qui nous caractérise aujourd'hui.

Dans leur livre intitulé *Génération* (et qui fut en son temps une manière de bible du révisionnisme), les auteurs Hamon et Rotman essayaient de comprendre les mouvements contestataires en Europe, et en France en particulier, comme étant ceux de groupes qui auraient été « happés » par un message publicitaire. Tout le monde n'adhère pas à

181

cette analyse, mais le révisionnisme a fait un travail de sape si important qu'il a réussi à altérer en profondeur la compréhension de ce passé récent. Je dois reconnaître que l'une des choses qui m'affectent le plus profondément, c'est d'être obligé, pour comprendre ce passé, de partir de ces présupposés révisionnistes. Le plus tragique étant que beaucoup de ceux qui ont vécu ces événements ont adopté le point de vue de l'ennemi, si j'ose dire. Ils ont été colonisés intellectuellement et ont souscrit d'eux-mêmes aux catégories révisionnistes. Pour donner un exemple, il y a peu de temps, je voyais le commandant en chef de la guérilla péroniste qui tentait de comprendre son passé en se demandant : « comment ai-je pu faire cela ? » sans comprendre qu'il participait à un mouvement qui le transcendait, sans comprendre qu'il n'était lui-même, commandant ou pas, qu'un élément infime de cette vague libertaire.

Je cite en exemple ce commandant F. parce qu'il était à la tête d'une guérilla quantitativement énorme en Argentine et en Amérique latine, les montoneros, mais pas la plus importante politiquement, celle-ci étant plutôt la nôtre, la guérilla guévariste. Or, cet homme-là était lui-même absolument intoxiqué par une certaine manière de voir individualiste, et il tentait de comprendre ce passé avec des catégories qui, pourtant, allaient l'en exiler à jamais. Et je ne parle pas de quelqu'un qui aurait observé une manifestation de loin, en mai 1968, il a été un agent très important de la lutte armée, et ses amis sont presque tous morts, il a tué énormément de gens. Il s'agit là de choses qui sont de l'ordre de l'irréversible, or, il souscrit lui-même à une pensée du pur réversible !

Qu'appelez-vous la « pensée du pur réversible » ? Nous savons bien que le temps ne nous accorde aucune réversibilité. Comment échapper au simulacre de ces récits composés après-coup pour les générations futures, dont nous faisons partie ?

Plus nous voulons être propriétaire de notre passé, plus il nous échappe. Toute intimité (et non la promiscuité) avec son passé se fait au prix de cette acceptation : notre histoire n'est pas réductible à nous-mêmes, elle ne nous appartient pas en propre, comme une chose qui ne serait qu'à nous. Dès que nous prétendons nous rappeler du passé vécu comme d'une possession privée, nous le perdons.

La pensée du pur réversible est l'un des éléments centraux de la postmodernité, et du révisionnisme actuel. Pourquoi est-ce une pensée du réversible ? Parce qu'un des éléments qui empêchent de comprendre les événements des années 60-70 est l'hypothèse postmoderne de la réversibilité à travers laquelle on lit aujourd'hui ces années-là. Cette hypothèse de la réversibilité postule que tout est question de récit, comme si l'histoire ne connaissait pas de point de capiton, pour ainsi dire. Autrement dit, qu'il n'y aurait aucune terre ferme sur laquelle le témoin d'un événement pourrait se planter et dire : c'était ainsi, et pas autrement. Tout n'est pas possible, car si tout est possible, rien n'est réel.

Le cas du commandant F., qui a été un témoin et un acteur principal de ces événements, est en ce sens exemplaire. Pourtant, s'il y a quelqu'un qui devrait savoir que tout n'est pas question de récit, c'est bien lui ! Seulement le révisionnisme postmoderne, social-démocrate, a procédé à un tel travail d'érosion par rapport à l'oubli – l'oubli de cette vie de subversion – qu'il est parvenu à ce tour de force de réussir à convaincre même les protagonistes de première ligne. Quand ce livre sortira en Argentine, on me dira sans doute que je règle des comptes, et je répondrai qu'à l'ERP, dans notre mouvement, la même chose a eu lieu.

J'ai tenu à évoquer le commandant F. pour insister sur le fait que même si la génération après la nôtre a ensuite été nourrie par le révisionnisme postmoderne, la nôtre aussi a été touchée de plein fouet. On est arrivé à nous persuader que ce que nous avions vécu était nul et non avenu, que tout était une question de récit. Le maître mot était l'herméneutique... On ne gagne pas tous les combats. Il y a un vrai combat, aujourd'hui, à mener contre l'intoxication idéologique de la postmodernité, un combat qui est peut-être plus difficile à entreprendre que celui que nous menions, concrètement, dans la guérilla.

Je me souviens du triste ouvrage de Daniel Cohn-Bendit : *On a tant aimé la révolution.*

Pour écrire ce livre, il est allé chercher des anciens combattants de la guérilla. Il n'en a pas trouvé beaucoup, mais pour que l'oubli ait bien lieu, il était indispensable que même ceux qui avaient été les protagonistes des événements les plus graves, les plus irréversibles, soient eux-mêmes convaincus que tout était réversible. Il y a eu là un véritable combat de « restauration », comme celui qui a animé la période dite de la « Restauration », après la Révolution française. Aujourd'hui, l'enjeu de notre lutte est de faire face à une vision du monde capitaliste qui s'oppose de manière écrasante à nos convictions libertaires.

En Argentine, où l'on risquait sa vie concrètement, tous les jours, l'adhésion aux mouvements de révolte et de contre-pouvoir était infiniment plus immédiate, plus puissante qu'aujourd'hui. Je parlerai des postulats qui soutiennent, à mon sens, la postmodernité, mais je voudrais revenir, même brièvement, sur ce travail de l'oubli, cette entreprise de « restauration » du passé qui a presque réussi à s'imposer unilatéralement. Autrement dit, cette fabrique de l'oubli a consisté à faire croire qu'un peuple, qu'une communauté, qu'un groupe de gens ayant attaqué une caserne, pris un quartier, développé une communauté agricole avec des paysans, que tous ces gens-là, en somme, auraient été pris simplement dans des récits qui, à l'usure, pourraient devenir des récits contraires. Or, si tout est question de récit – et, c'est l'élément central de l'idéologie dominante –, l'idée que tout est possible s'impose.

*Vous semblez évoquer là une sorte d'idéo-
logie silencieuse qui aurait fait un travail de
sape à notre insu, en altérant notre vision
de l'histoire, même et surtout l'histoire la
plus proche, la plus brûlante, à un tel degré
qu'on ne sait plus ce qui est vrai et ce qui
est interprété. Pourtant, nous avons été
éduqués dans la religion du doute. Nous
sommes la génération à qui « on ne la fera
plus », celle qui n'ira plus armer les combats au nom d'une utopie (fasciste, communiste, anarchiste) dont on lui a montré les
impasses et les crimes.*

La religion du doute ! Vous rendez-vous
compte que jamais nous n'avons vécu avec
autant de certitudes qu'aujourd'hui ! Existentiellement et concrètement, il y a quelque
chose que notre époque essaie de déclarer
comme étant nul et non avenu, prétendu-
ment parce que nous étions dominés par
des idéologies mensongères. Or, les années
70 étaient très désidéologisées par rapport à
la nôtre ! On enseigne l'histoire, aujourd'hui,
en disant : vous avez échappé à l'ère des
idéologies. Voilà une phrase complètement
idéologique ! Quiconque la soutient est noyé
dans l'idéologie.

Moi, je me souviens très bien qu'à l'époque dite « des idéologies », le doute était
présent à chaque moment de nos vies. Il n'y
a jamais eu moins de doute qu'aujourd'hui.
On nous fait croire que l'époque des idéologies était déterminée par des maîtres à pen-

ser et qu'aujourd'hui nous serions enfin des libres penseurs, lucides. L'idéologie dominante proscrit tout engagement, or, je n'ai jamais vu autant de gens « engagés », entièrement, dans une vision du monde. Ils n'ont aucune conscience qu'ils participent à une idéologie ; ce qui est d'une banalité totale, puisque le propre de toute idéologie est de se croire non idéologique. Et cette idéologie a réussi ce tour de force d'embarquer une bonne partie de la planète dans une vision qui ordonne : « Ne t'engage surtout pas, parce que le jour où tu t'engageras, ce qui était une vérité sera devenu un mensonge. » Ceux qui prétendent être lucides et dégagés par rapport au passé sont en général les grandes dupes aujourd'hui. Avec Florence Aubenas, nous avons essayé de dénoncer ce même effet pervers dans la logique de l'information conduite par les médias. Méfiez-vous, nous disent les journaux : toute information risque à terme d'être remise une cause par une information nouvelle, en jetant le doute sur ce qui faisait foi jusque-là, y compris auprès de ceux qui ont assisté aux événements. On l'a vu, par exemple, dans la guerre du Kosovo, en Bosnie ou en Tchétchénie. Ces guerres semblent être le théâtre d'une réversibilité permanente ; ce sont des morts pour rien, des massacres pour rien, tout est déjà questionnable. Ce sont des guerres prises dans des récits d'idéologues postmodernes. Bien entendu, ce n'est pas vrai : les morts sont bien morts, et la guerre a eu lieu. Mais on voit comment une idéologie réussit à créer, pour la première fois, une vision de l'histoire dont les témoins directs sont retranchés, invités comme les autres à assister à une fabrication de l'oubli qui ne laisse en héritage, pour les générations futures, que des récits possibles.

Notre idéologie a produit l'oubli. L'oubli n'est pas l'oubli pur et simple du passé, au contraire, aujourd'hui on ne cesse de « mémorialiser » le passé, de l'archiver, de le ressusciter, de l'interpréter. Non, l'oubli produit par l'idéologie, c'est l'effacement du point d'ancrage ontologique du passé. Justement, la fabrication actuelle de l'oubli procède de cette manière ; on ne cesse pas de rappeler, par exemple, la figure héroïque du Che Guevara, de la fétichiser, de l'afficher. La nostalgie est à la mode... et pourtant, le travail d'oubli n'a jamais été si efficace. Non seulement ce n'est pas contradictoire, mais c'est même un seul et même mouvement. Comme le dit Guy Debord : « La vérité est un moment du mensonge. » On nous parle de cette époque-là pour mieux effacer ce qui l'ancrait, pour mieux passer sous silence l'essence ontologique de ce qui la constituait.

L'époque qui est reconstituée sous nos yeux comme « le temps des idéologies » n'a jamais existé. On nous fabrique une époque où des milliers de gens auraient adhéré à des idées, à des théories, à des visions du monde, et se seraient mis en route parce que des espèces de Témoins de Jéhovah du dimanche, marxistes, nationalistes, anarchistes, seraient venus frapper à la porte en disant : venez ! Il est vital de démystifier cette reconstruction. Notre époque a dû se construire un mythe des origines. Et le mythe des origines qui justifie notre époque est un mythe tout compte fait assez drôle, si on l'observe avec un peu d'humour. Dans la plupart des mythologies, le temps des origines est celui des « grands hommes » ou des géants, ou des dieux, or, le mythe d'origine sur lequel se fonde notre époque de canaillerie suppose à l'inverse qu'avant, nous étions de sombres idiots. C'est un mythe très narcissique, supposant bien entendu qu'en tant qu'êtres lucides et raisonnables, nous ne nous laisserions pas emporter, nous, par les premiers idéologues venus.

Il faut pouvoir renouer avec ce noyau de réel ontologique qui ordonnait cette époque passée, avec cet élan de vie, cette joie, cette puissance, qui cherchait des modes d'expression pour se manifester. L'élan révolutionnaire était aussi porté par le sentiment que les rapports humains devaient changer, que l'hypocrisie bourgeoise avait fait long feu et qu'il fallait construire autre chose… C'était l'idée que ce qu'on nommait la folie n'était pas tout à fait la folie, mais aussi un régime concentrationnaire de ségrégation sociale, c'était le fait de dire qu'être une femme ne justifiait pas un sort d'oppression. Que ce soit dans la musique, dans le questionnement par rapport à l'amour, la poésie, l'art, la norme, on ne peut pas laisser dire que ces gens étaient idiots et dupes. Or, c'est le récit qui domine aujourd'hui.

Est-ce qu'une des erreurs que nous commettons dans cette constante falsification de l'histoire, qui ne date d'ailleurs pas d'hier, ne tient pas à cette illusion persistante du sujet d'être auteur de l'histoire ?

Le révisionnisme est au service de l'idéologie de l'individu ; c'est ce qu'il faut bien comprendre. On déconstruit, par exemple, l'époque révolutionnaire en la comprenant à partir des masses et des individus. Si on voit chaque figure de la révolution comme un individu, on ne peut pas comprendre ses actes, son adhésion, ses écrits. Alors qu'en réalité, il était pris dans une vague beaucoup plus haute, plus puissante que lui. Ces articulations de l'histoire se potentialisent parfois autour d'une personne, autour de quelqu'un. On peut le comprendre en prenant des exemples tout à fait idiots, avec les rockers, les Rolling Stones, Led Zeppelin, etc. Ce qu'ils ont fait à une époque, ils ne peuvent pas le refaire, et eux-mêmes ne comprennent pas comment c'est arrivé, à l'instar du commandant F. Ils se demandent : pourquoi ça ne marche plus aussi bien, la musique, le public ? En réalité, ce ne sont pas eux en tant qu'individus qui ont joué de cette manière, c'est l'époque qui les traversait.

Il faut essayer de penser en termes « d'émergence », d'ordres de qualités émergentes, autrement dit, il faut penser que quelqu'un qui agit – comme un chanteur, un révolutionnaire, un artiste, etc. – est une partie, un élément du multiple, du « soubassement » à partir duquel peuvent être créées de nouvelles formes, en réaction. C'est la raison pour laquelle l'acteur seul, au-delà de la situation qui a donné lieu à ce qu'il a contribué à créer, est un reproducteur volontaire de ces nouvelles formes d'émergence. Il nous faut donc penser l'émergence comme étant un fruit d'une situation, et l'acteur, le spectateur, bref, l'époque tout entière, sont des éléments qui donneront jour à cette émergence, ce nouveau niveau d'organisation. Jamais un individu isolé ne pourra recréer tout ce qu'il a créé, parce que ce qu'il a fait s'est fait en réalité à travers lui.

Cette incompréhension de l'individu d'aujourd'hui envers la « personne » (la personne s'oppose comme multitude à l'individu) d'hier est normale, puisque la personne d'hier faisait partie d'un mouvement dans lequel, dans le meilleur des cas, elle n'était qu'une parcelle de ce mouvement. J'oppose, dans *Le Mythe de l'individu*, l'image de l'individu à celle de la personne. Le premier est une unité étanche et sérialisée dont les « petits vouloir », croit-il, possèdent des causes endogènes. En réalité, l'individu sérialisé se retrouve dans le cas de figure décrit par Guy Debord, où « faute de trouver ce qu'on désire, on se contente de désirer ce qu'on trouve ». La personne, en revanche, est chacun de nous comme multiplicité articulée à d'autres multiplicités. C'est pourquoi, au plus profond de nous-mêmes, dans les plis les plus intimes, loin de se loger des sales petits secrets, nous trouvons l'univers. C'est après tout ce que Deleuze veut dire lorsqu'il écrit : « La vie n'est pas quelque chose de personnel... » C'est drôle : j'adhère à cette formule, non seulement en tant que philosophe et militant, mais surtout en tant que psychanalyste.

191

Aujourd'hui, tous les petits leaders politiques qui surgissent sont portés aux nues, absorbés, puis rejetés. La seule chose que sait faire notre époque, c'est de formater des individus qui évoquent « ce qui a été ». Mais ce qui a été ne peut être réitéré par des individus, aussi géniaux soient-ils. Je me souviens, par exemple, d'un ami qui avait participé à une opération spectaculaire en Argentine. Il se trouve que, dans l'action, il a fini par descendre quelqu'un de très haut placé. Sa femme et ses amis ne comprenaient pas comment X, si anxieux, si prudent, avait pu faire ce qu'il avait fait. Et lui-même doit encore se poser la question ! Or, ce n'est pas « moi » qui suis l'acteur de cet événement : cet événement s'est réalisé à travers « moi ». Et quand j'essaie de comprendre comment « moi », j'ai pu faire ça, je suis déjà dans un mécanisme d'auteur. Un mécanisme où je suis propriétaire de mon histoire. J'ai évoqué plus haut la figure d'un « auteur » en la questionnant justement de la même manière qu'a pu le faire Foucault.

Vouloir comprendre notre propre histoire comme quelque chose de personnel, c'est ce qui nous exile de notre histoire. Notre époque, parce qu'elle essaie de comprendre à travers des récits individuels le passé, s'isole du passé. Or, ce passé-là n'est pas n'importe quel passé. On peut dire que l'œuvre de fabrication de l'oubli produit par l'idéologie néo-libérale actuelle est semblable à la construction d'un barrage contre l'essence d'un passé qui était libertaire. Un barrage contre l'excès de vie.

Si l'on prend cette hypothèse à la lettre, on peut se demander, en tant qu'individu, si vouloir quoi que ce soit participe de la même illusion, et se dire, finalement, à quoi sert de vouloir se révolter, agir ?

Il n'y a rien à vouloir. À vouloir, on ne peut que trahir ce que l'on dit défendre, et se trahir soi-même. On ne trahit jamais, on commence par se trahir soi-même. On est trahi par le vouloir. Si nous essayons d'évoquer cette première période de l'engagement, il faut d'abord comprendre qu'il ne s'agissait en aucun cas de « vouloir ». Moi, Miguelito, je ne voulais rien de ce qui m'est arrivé.

Nous avons à assumer, de la manière la plus objective possible, ce qui a lieu. Le combat redoutable qui nous attend est un combat contre une idéologie dominante, mondialisée. Un petit livre, comme celui-ci peut espérer être un instrument qui pourra s'articuler à d'autres instruments théoriques et pratiques, les potentialiser.

Effectivement, il n'y a pas à vouloir faire des livres. Je connais des universitaires à la pelle qui commencent une maîtrise par hasard, qui continuent pour atteindre une considération, un statut, et qui deviendront un jour des « spécialistes de la spécialité ». Ils seront les gardiens du temple, figés dans un savoir qui est l'aliénation même. Eux fonctionnent tous dans le « vouloir être un auteur », ce qui les pousse à se sentir comme de petits propriétaires jaloux de leurs parcelles de savoir. Nous connaissons tous ces intellectuels aigris pour lesquels la lecture d'un livre consiste à consulter les bas de pages pour voir s'ils sont cités. En voulant être propriétaires de leur savoir, ils le mettent au service de leur moi. Ceci est une démarche qui correspond aux « passions tristes ». C'est pourquoi je dis que nous n'avons rien à vouloir ou ne pas vouloir. Ce qui peut nous arriver de mieux dans la vie, c'est de participer à des désirs qui proviennent de singularités multiples. Participer aux multiples formes émergentes de la vie, de la création et de la solidarité.

Nietzsche disait : on ne vit que ce qu'on a voulu vivre.

Ce « vouloir » nietzschéen, je le nommerai désir. Oui, je crois que je désirais être résistant, c'était même un désir très puissant, sinon, je ne le serais pas devenu. Quand la vie devient quelque chose de personnel, pour revenir à ce que disait Deleuze, on se retrouve précipité dans un entonnoir, là où la chute d'un torrent s'étrangle en tout petit filet... Il est temps, aujourd'hui, de commencer à comprendre ce qui se passe quand, pour la plupart des gens, la vie cesse d'être une affaire personnelle, un « sale petit tas de secrets ».

N'est-ce pas une manière d'éviter l'intolérable ? Dans la mesure où les choses sont reprises de cette manière, il n'y aurait rien à regretter, rien à sauver. Ce dont vous parlez ici, ce pourrait être le récit que vous avez construit pour supporter la dureté de ce que vous avez vécu.

Au contraire... La certitude de ce que la vie n'est pas quelque chose de personnel n'est pas une réaction à un traumatisme, mais la prise en compte de quelque chose de très heureux, que beaucoup d'entre nous ont partagé. Quand les êtres se mettent à créer les liens, à « composer » dans le sens spinoziste du terme, dans le sens le plus joyeux du mot, la vie augmente en puissance et en créativité. Ou quand les amants ne se contentent pas de s'aimer le jour du mariage avant de tomber dans l'hypocrisie mais pensent : nous n'allons pas vivre l'amour distraitement, nous allons essayer de vivre cet amour où, comme le disait Novalis, on trouve le monde chez l'être aimé – là, cette composition n'est pas une recomposition de récit.

Si, à l'époque dont je parle, beaucoup de gens se sont mis à composer des vies qui excédaient le registre de la vie personnelle, aujourd'hui, cet élan collectif serait perçu comme une menace vis-à-vis de ce que nous avons de plus sacré, c'est-à-dire notre compte en banque, je veux dire par là... notre petite vie personnelle.

J'entends dire : ceci n'est-il pas un récit reconstruit après-coup pour pouvoir donner un sens à tant d'horreur ? Ce n'est pas un récit. C'était inscrit dans notre chair, les mots, les théories venaient après.

L'époque de la « lucidité » des années 80
est l'époque qui s'est crue sans idéologie...

Oui, on peut revenir là-dessus, sachant que, comme le disait Althusser, nous ne sommes jamais autant dans l'idéologique que quand on se croit sans idéologie... Pendant les années 80, la représentation prend le dessus sur le multiple – et la lecture idéologique du monde postmoderne devient alors la seule possible, la lecture dominante du monde. Tout le monde est convaincu que la seule chose possible est de s'enrichir ; le repli sur soi, le cocooning, l'idéologie dominante apparaît comme une évidence. Par rapport aux années 70, où rien n'était pris dans l'évidence, où il y avait différents courants d'émancipation, au cours des années 80, le monde apparaît comme une unité inquestionnable : le sens de la vie, c'est le confort, le pouvoir, l'argent, l'hédonisme. Le monde est comme il est. Les Droits de l'homme disent : le monde étant ce qu'il est, tout ce qu'il est possible de faire, c'est au moins de limiter quelques aspérités. Sauf au moment de l'élection de Mitterrand, il y a eu un sursaut, jusqu'en 82. Ce sont des années très riches pour ce qui nous intéresse. Nous avons connu l'échec du communisme d'État après des massacres d'État, mais nous avons connu l'échec de la social-démocratie, et de cela, nous parlons beaucoup moins. Les sociaux-démocrates étaient au pouvoir dans toute l'Europe et dans pas mal de pays d'Amérique latine. Donc, ce siècle aura certes connu l'échec des IIIe et IVe Internationales, mais aussi – il ne faut pas l'oublier – l'échec de la IIe Internationale ! Pour la première fois, la pensée, la créativité, la recherche vont divorcer de la recherche de justice.

Nous avions connu un siècle et demi dans lequel les avant-gardes culturelles, artistiques, scientifiques se confondaient avec les avant-gardes politiques. Les avant-gardes (à de notables exceptions près, Heidegger et Dali étant cités comme réactionnaires) formaient une constellation unie. Or, pendant les années 80 se produit la cristallisation de ce divorce entre, d'une part, les avant-gardes scientifiques, et d'autre part ce qui restait des avant-gardes politiques. Pour la première fois, ceux qui pensaient le monde ne désiraient plus la liberté, ne la pensaient plus, ou plus encore, considéraient la liberté comme un pur imaginaire, et ceux qui désiraient la justice et la liberté étaient condamnés à ne plus penser la complexité du monde. Ce divorce est terrible, parce que les pensées révolutionnaires s'étaient défaites contre la complexité. Les « il n'y a qu'à... » s'étaient heurtés à la complexité du réel. Il fallait prendre en compte la complexité, disaient les nouveaux philosophes. Et face à cette complexité du réel, les psychanalystes, les philosophes, les anthropologues ne pouvaient pas répondre, tout en gardant un désir de liberté.

Il semble que la justice, le désir de justice, obéisse toujours à quelque chose de trop simpliste, et que le monde complexe ne puisse tolérer l'existence de ce désir de justice, sinon

comme expression imaginaire d'un bon sentiment. Il faudrait se décider à abandonner les
désirs de liberté et la capacité de penser et
d'agir dans le monde...

Alors je me suis mis à étudier la logique
mathématique, la rupture du déterminisme,
la pensée de la complétude et de la consistance, les apports du lacanisme, mais quand
j'étais dans le milieu des chercheurs, je devais
dissimuler non pas ce que j'avais été, mais ce
que je continuais à être, un militant, et ce que
je continuais à chercher. Souvent, ceux avec
qui je travaillais me disaient : mais tu continues à être marxiste ! Ou à être libertaire ! Il
y avait même une attitude gentille qui consistait à me demander : « Mais alors, qu'espè-
res-tu ? » ; je répondais : « C'est une recherche. » Ce furent des années d'une grande
fertilité sur le plan théorique.

Mais les militants, ceux qui continuent à
résister contre l'avancée de l'horreur capitaliste, se méfient d'un chercheur. Ils pensent
que face à l'évidence de l'injustice, cet
« excès de recherche » peut conduire à une
attitude d'abandon – comme si la recherche
de la justice ne méritait pas une véritable
étude. Quand je parle de recherche, je ne me
réfère pas à la lecture religieuse des textes
« sacrés »... J'essaie de penser cette vraie
simplicité, ou de consistance, dirais-je plutôt,
du désir de justice, sans céder au mirage, à la
complexité, et cela donne de bons résultats.
Ceux qui évoquent constamment la complexité sont au fond très simplistes, ce sont
des idéologues de la collaboration avec le
système qui contribuent sans le savoir à créer
l'impossibilité d'un changement.

La déconstruction était l'un des concepts
essentiels de ces années-là.

La déconstruction était un nouveau concept important, mais elle n'aboutissait pas pour moi à un nihilisme fondamental, puisqu'elle était soutenue ontologiquement par un désir libertaire qui, lui, ne « déconstruisait » pas. Mais, de l'autre côté, je continuais à voir mes camarades, et je me voyais obligé de dissimuler que la complexité m'intéressait – ce qui me déchirait. Mon cœur allait du côté de la militance, mais ma tête inclinait de l'autre côté. Il y avait un refus nécessaire de penser la complexité pour continuer à militer, et un refus nécessaire (apparemment) du désir libertaire pour penser la complexité.

Vous savez, ceci avait déjà été perçu entre autres par Gramsci, quand il a décrit sa fameuse articulation entre l'optimisme de la volonté avec le pessimisme de la raison...

Alors vous avez mis en place le collectif
« Malgré tout ».

Ces années-là, j'ai fait, avec des officiers de la guérilla uruguayenne, argentine, avec des intellectuels français comme Alain Badiou, Jean-Claude Maleval, Jean-Marie Brohm, François Gèze, Pierre Faye, des mathématiciens, des anthropologues, un groupe mixte et hétéroclite avec un réel rapport d'amitié et de respect, un collectif appelé « Malgré tout » qui pour moi était le mot de passe et le mot d'ordre... *Malgré tout,* ça continue. Nous n'étions plus « pour le tout », ce « tout » que l'histoire téléologique nous promet, ce tout qui nous condamne à attendre Godot. Nous ne nous référions plus à des certitudes totales, nous disions : *malgré tout.*

Nous nous disions que nous voulions penser la théorie et les pratiques de la liberté à l'épreuve et sous condition de la complexité. Nous voulions donc créer ce pont qui n'existait plus, comme je le disais antérieurement, entre les gens qui pensaient vraiment et ce désir qui, à notre avis, n'est pas un désir de quelques militants mais un désir de liberté et de justice compris comme une vérité ontologique. Or, parmi les gens qui pensaient, cette pensée-là était systématiquement condamnée à un déconstructivisme nihiliste parce que « l'être », bien qu'« amoché », sali, oripeaux de clochard, était resté de l'autre côté. Les amis avec qui je travaillais ne le savaient pas. La force venait d'un constat ontologique. Et qu'on ne vienne pas me raconter que la justice et l'injustice sont la même chose...

D'emblée, dans le collectif, nous avons travaillé beaucoup à penser la question de l'incomplétude, de la fin des déterminismes, mais dans des pratiques concrètes. Nous prenions contact avec d'autres mouvements de résistance, avec énormément de monde, dans le monde entier, et nous avons fonctionné un peu comme un prestataire de services, ce qui était pour nous d'une richesse incroyable. Nous étions en contact aussi bien avec le mouvement mexicain au Chiapas que le DAL, le collectif SUD, les Palestiniens, avec le mouvement d'occupation des terres des Tupamaros, en Uruguay... Et nous faisions un bout de chemin ensemble, et nous pensions : que faut-il faire ? Nous pensions à des choses pratiques et théoriques... C'était exaltant et très frustrant à la fois, mais nous sommes restés seuls dans le collectif, finalement. Là, nous avons créé l'image du « militant chercheur ». Les penseurs s'étaient comportés comme d'étranges médecins qui, ne trouvant pas le vaccin, déclarent le triomphe de la maladie, et plus encore, ils finissaient par devenir des alliés de la maladie : ils admettaient s'être trompés, ne pas avoir réussi à vaincre le capitalisme, puis ils s'en allaient. Nous leur disions : vous avez raison, la maladie est plus coriace que ce que l'on croyait, donc il faut agir en conséquence, en véritable chercheur, le travail de construction des alternatives est un véritable travail de recherche qui ne peut pas se contenter de l'élan spontané.

Il y a eu la psychanalyse. Aussi...

Souvent, les gens s'étonnent qu'avec tout ce que j'ai vécu et tout ce que je continue à faire en tant que philosophe et militant, je sois psychanalyste, comme s'il y avait une contradiction entre ma pratique clinicienne et mon engagement. Or, de mon point de vue, les trois axes de ma vie sont l'engagement, la recherche et la clinique. Je conçois ma pratique clinique dans une éthique de la liberté, étant donné que l'éthique est toujours une praxis. Quand je commence un travail, une prise en charge avec une personne ou une famille, il s'agit là pour moi d'un véritable engagement, composer ensemble, comme si, ensemble, on partageait un pari pratique, qu'on pourrait énoncer de la façon suivante : cette vie-là est vivable, il y a toujours façon de composer, de développer et de libérer la puissance.

Quand je suis arrivé en France, j'ai eu une très mauvaise expérience avec ceux qui sont devenus mes collègues. Comme je vous l'ai dit, je me sentais très mal. J'ai demandé à François Gèze s'il connaissait un psy capable de m'aider. Il m'a donné les coordonnées d'une psychanalyste argentine qu'il ne connaissait pas très bien. Cette clinicienne me recevait dans son immense appartement du XVIe arrondissement. Sa seule préoccupation, je vous rappelle que cela faisait quelques semaines que j'étais sorti de prison, était de savoir si j'allais pouvoir ou pas payer les séances, car bien entendu elle ne voyait pas comment aider quelqu'un qui souffrait si je ne payais pas très cher. J'allais vraiment mal, mais j'ai commencé quand même. Au bout de quelques séances où je trouvais inintéressantes ses relances formatées, j'ai arrêté. Peu de temps après, une autre analyste argentine qui, elle, travaillait dans un centre remboursé m'a pris en charge. Elle n'a jamais voulu qu'on aborde des thèmes comme la torture et la prison. En revanche, elle m'a expliqué qu'il valait mieux que je quitte le centre et que j'aille la voir en privé. Peut-être que ces anecdotes-là ne prouvent rien. Pour moi, elles parlent fort de l'incapacité à accueillir et à s'engager, que pratiquent pas mal de nos collègues.

Je vois bien, dans mon travail en psychanalyse comme dans ma pratique analytique, que la souffrance dans laquelle vivent les gens témoigne d'une misère psychologique contre laquelle il faut aussi faire quelque chose. Simplement, je crois qu'il faut être très vigilants par rapport aux dérives normalisatrices, à la surdité face à la souffrance où se trouvent certains de nos collègues.

On peut trouver bizarre et critiquable que je parle d'engagement, de libération, etc., en faisant référence à ma pratique clinique. Nous savons bien que nous sommes tenus à la sacro-sainte neutralité. Mais je ne vois pas en quoi il serait neutre d'aller chez un analyste, qui, par la richesse qu'il étale dans son appartement, celle qu'il affiche, nous montre très clairement son parti pris dans la vie. Si j'ai écrit des livres en disant que le capitalisme est la barbarie, je ne suis pas neutre. Soit. Mais ceux qui étalent leur confort et leur compromis avec le système sont eux aussi de parti pris. Je crois qu'une éthique de l'accueil, de la prise en charge, est aujourd'hui nécessaire à penser et à exercer.

Je suis plutôt allé chercher des alliés du côté de Dolto, de Maud Mannoni et de Bonneuil. Dans l'apprentissage lacanien, il y avait aussi des éléments fondamentaux que nous ne pouvions pas ignorer si nous voulions penser la complexité du réel. Dans ces années-là, la question de la mise en pratique d'une recherche, d'une connaissance, était très compliquée... Pour nous, il s'agissait d'avoir un dialogue permanent avec des gens en situations concrètes, on essayait de construire les nouvelles bases d'un socle de révolte à partir duquel on pouvait penser la liberté et la révolte. On abordait la question de la recherche d'une alternative non pas comme un vouloir, mais comme une véritable recherche théorique et pratique. J'en éprouve encore aujourd'hui la difficulté avec un certain nombre d'amis ; l'attitude du militant velléitaire consiste à dire : nous nous réunissons parce que nous voulons la liberté, et alors que faire maintenant ? La construction de l'image d'un militant chercheur était difficile, parce que c'était admettre que nous n'étions pas dans la vérité, mais que nous devions nous construire ces vérités-là. Sartre disait : « On a toujours raison de se rebeller »...

Il est important de se rendre compte de quoi il retourne quand on parle de liberté. Est-ce du libre arbitre ? La liberté, est-ce dominer la nature, dominer ses pulsions, dominer le corps, ne pas vieillir, ne pas être malade, fragile, ou est-ce plutôt assumer ce que vous nommez la fragilité ? La liberté n'a-t-elle pas toujours à voir avec le fait d'assumer une situation et d'accepter notre fragilité ?

Pour moi, en réalité, « situation » et « fragilité » sont presque des synonymes ! Parce que la « fragilité » signifie que nous ne pensons plus en termes de faiblesse ou même encore en termes de force (la force, après tout, est toujours un moment de faiblesse), mais en termes d'un agencement de multiples. La liberté, c'est d'assumer le destin, et de ce point de vue, ce qui apparaît dans la pratique analytique non seulement n'est pas contradictoire mais entre tout à fait dans cette vision de la liberté.

Nous pouvons dire quand même que dans la psychanalyse telle que je la conçois, il s'agit de constater des agencements dans le réel et de voir où nous en sommes ; et non pas de chercher à se « libérer » des déterminations pour suivre notre bon vouloir – et que c'est plutôt le bon vouloir des images identificatoires du système. La psychanalyse, dans le meilleur des cas, nous permet d'abandonner un vouloir qui nous soumet à une plainte névrotique afin de nous poser vraiment la question de ce que nous pouvons faire avec ce que nous sommes. La contradiction, avec la psychanalyse lacanienne, se trouve plutôt dans la conception de la fin de l'analyse où, une fois que toutes les identifications imaginaires du vouloir tombent, ce qui reste est du côté du non-être ; or, pour moi, au contraire, une fois lâchées les identifications imaginaires, il reste la possibilité d'une conscience claire de ce qui est. Une relation de pratique avec ce qu'on appelle un « être », et qui n'est pas en situation autre chose que les exigences du devenir en chaque situation.

À mes yeux, non seulement la psychanalyse ne « désontologise » pas, et ne crée donc pas de l'individu, elle peut au contraire aider quelqu'un à assumer la donne de la situation. Par exemple, j'avais un patient qui me parlait de son frère alcoolique ; lui allait plutôt bien et ce frère était comme un boulet. À partir de là, nous pouvons avoir deux visions : soit ce patient découvre toutes les fois où ce frère l'a ennuyé et arrive à se désengager de ce lien fraternel et à se déculpabiliser, tandis que l'analyste lui dirait : « C'est très surmoïque, votre envie de l'aider, c'est une aliénation de plus, vous avez des comptes à régler avec lui. » Soit le patient prend conscience qu'il est dans une attitude de responsabilité, certes surmoïque, avec son frère, et qu'il ne peut pas l'aider à partir de cette attitude surmoïque – ou s'il l'aide, ce sera au prix de souffrances terribles – mais qu'une fois ce surmoi connu, il peut arriver à la donne ontologique et assumer ce lien fraternel. Ce patient n'est pas celui qui peut décider sur la situation, il est celui qui doit assumer et assumer un frère, mais plus d'un point de vue névrotique. Car, dans sa plainte, le névrosé se dit : je pourrais ne pas avoir de frère, et il l'aidera, mais de façon souffreteuse. Une fois que l'on se débarrasse de la plainte souffreteuse, il se dira : je suis celui qui, parmi d'autres déterminations, a ce frère-là, et qui ne peut être libre qu'en assumant de façon non névrotique ce lien fraternel. C'est une donne ontologique. Parallèlement, je ne pense pas la politique en me demandant comment l'opprimé peut devenir assez fort pour se débarrasser de son destin, mais au contraire en sachant que nous ne sommes libres que dans la mesure où nous assumons le destin. Maintenant, assumer cette responsabilité, qui est le lien social, nous pouvons aussi le faire de manière névrotique, c'est le militant triste, le militant du « devoir être », ou de manière joyeuse.

Vous avez une pensée de l'être, ce qui est plutôt rare aujourd'hui, d'autant plus que dans votre pratique analytique, cette onto-logie vous semble opérante aussi...

Le structuralisme a voulu se débarrasser de l'être. C'est moins vrai aujourd'hui... De quoi est-il question quand on parle d'ontologie ? D'une asymétrie qui existe indépendamment de toute volonté et qui fonde l'existence, qui fonde et qui structure justement les situations. Cela signifie que tout n'est pas du pareil au même. Lacan disait : « Si tout est possible, rien n'est réel. » Une phrase de rappel de l'être. Il veut dire : *pas tout* est possible... Lacan réalise à ce moment-là qu'il doit abandonner l'optimisme du discours de Rome : *pas tout* est possible, et ce réel qui insiste n'insiste pas seulement comme une répétition de la pulsion de mort, mais il vient insister aussi comme un facteur de culture, d'amour, de civilisation.

Pour nous, en tant que philosophes, l'être est le bien. Il n'y a pas de dissociation entre le bien et l'être. Dans la psychanalyse, comme nous sommes dans les tours et les détours d'une singularité, d'une personne, souvent apparaît cette question : « Qu'est-ce qui est bien pour toi ou bien pour moi ? », autrement dit, l'idée selon laquelle le bien pourrait être dépendant d'une subjectivité. Pour nous, philosophes, le bien et l'être coïncident, tandis que les freudiens refusent d'envisager une plénitude à l'origine. Là, il y a une divergence fondamentale. Je pense que ce qui est premier est une auto-affirmation de l'être, et non un manque d'être. Le manque peut être une figure utilisable dans une situation donnée mais, strictement parlant, personne ne manque de rien, ce qui est premier est le désir. L'aveugle ne manque pas de la vue, c'est un peu un spinozisme élémentaire mais nécessaire et juste, sauf si j'accepte une vision normalisatrice selon laquelle l'être humain a des yeux. L'aveugle est quelqu'un qui compose un monde différent, ni plus riche ni moins riche, mais différent du voyant ; la culture sourde est une culture qui développe une conceptualité, un monde à partir de la réalité de la surdité. Comme vous le savez, nous avons travaillé avec Anne Weinfeld sur la culture sourde, et nous nous sommes rendu compte qu'à une subjectivité perceptive correspond une subjectivité conceptuelle, une créativité de concepts et de dimension qui lui est propre.

Un sourd m'a expliqué un jour qu'il y avait des « écoutants profonds », comme il existe des sourds profonds, c'est-à-dire qu'il existe des « écoutants » qui sont si unidimentionnalisés qu'ils n'arrivent pas, malgré tout, à faire une communication extraverbale, ou qui perdent une série de dimensions du monde qui font le quotidien du sourd.

Chaque subjectivité crée ainsi une subjectivité conceptuelle, comme dans l'exemple des Indiens guaranis qui connaissent une multitude de mots pour parler des oiseaux du fleuve ; c'est la raison pour laquelle cette subjectivité perceptive produit pour son propre monde une subjectivité d'une richesse conceptuelle qui lui est propre.

Ici, nous voyons bien comment ce monde uniformisé et discipliné du capitalisme, en normalisant les goûts et les envies, crée une véritable perception normalisée où, grâce aux appareils idéologiques, tout le monde, au-delà de ce qui se passe dans l'existence réelle, doit percevoir la même chose au même moment.

Le fameux « miracle » (désastre) du village mondial est, ni plus ni moins, l'unification et l'unidimentionnalisation de la vie. En dehors de toute considération politique, c'est en réalité un appauvrissement irréparable. Voilà pourquoi nous disons que le bien – l'auto-affirmation, l'émergence de nouvelles dimensions – est toujours premier.

Par rapport à quoi le mal serait-il premier ? Sauf à être manichéen et penser que le monde est la création de l'ange déchu, je ne vois pas comment croire que le mal pourrait être premier. C'est la position idéaliste de Camus dans *Le Mythe de Sisyphe* qui le regarde pousser son rocher, il dit : « au moins, qu'il soit heureux », mais d'où regarde-t-il, lui ? Moi, je refuse cette fausse transcendance. De toute manière, même pour le manichéisme, le bien est premier par rapport au mal.

À quoi sert de tenter de se comprendre, alors, et de comprendre les actes qui ordonnent une vie ? Je pense à une certaine vision de la psychanalyse...

C'est effectivement l'aporie, la voie sans issue, d'une certaine pratique de la psychanalyse. Si les thérapies du moi, et la médication chimique, progressent tellement et sont massivement ordonnées à des individus déprimés, c'est parce que « comprendre » ne sert à rien. L'idée selon laquelle une fois que j'aurai compris (mes problèmes, ceux de mes proches, ma vie, la société, le monde), j'appliquerai fidèlement ce que j'ai compris est un leurre. Comprendre signifie qu'on est déjà en train de vivre ce dont nous venons d'avoir la compréhension. Une pure compréhension rationnelle, celle qui est réalisée par une conscience qui fonctionne de manière informative, est impuissante. En tout état de cause, l'information est toujours un élément nécessaire mais non suffisant. L'information en synthèse, comme nous le disons dans notre jargon, n'a pas d'effet de vérité et ne change pas existentiellement la personne informée.

C'est également vrai pour le travail analytique, comprendre les raisons d'une situation ou même sa genèse n'a jamais modifié personne, ce n'est qu'à partir de la réalité du transfert que quelque chose est réellement affecté, dans l'autre et dans la situation analytique elle-même.

La compréhension d'une métamorphose est la compréhension de ce qui a déjà commencé à changer. Par exemple, si quelqu'un décide d'arrêter de fumer et le fait, en réalité, il ne prend la décision que parce que des pratiques de désassociation avec la cigarette ont surgi. Un être au comportement autodestructeur ne pourra comprendre qu'il veut vivre qu'une fois que ce choix profond de vivre (avec les actes qu'il suppose) a été effectué. C'est pourquoi la thérapie ne peut continuer à être une thérapie que dissociée historiquement de la *catharsis*, elle devrait nous permettre de penser comment des pratiques se déclenchent, et admettre que la compréhension vient par surcroît.

La thérapie telle que je la pense est une thérapie où, au cours des séances et à travers la relation qui s'établit entre thérapeute et patient, des pratiques réelles se mettent en place qui amorcent un mouvement, un changement. D'un point de vue politique, je ne ferai jamais et je n'ai jamais fait de politique programmatique. La politique de l'extrême gauche ou d'une gauche bien pensante qui déclare : voilà comment le monde doit être, et qui ensuite gagne des adhésions est, effectivement, aussi peu efficace que le serait un discours expliquant à un fumeur compulsif pourquoi la cigarette peut le tuer. Toute la politique contestataire programmatique telle que nous la connaissons aujourd'hui est une façon de vacciner et de renforcer le capitalisme.

VI

Capitalisme et globalisation

*Alors, la nouvelle radicalité dont vous par-
lez, est-ce la lutte contre la globalisation en
tant que processus ?*

Le fait est que, pour moi, le capitalisme
n'est pas réellement une globalité. La mondialisation et la globalité ne sont pas autre
chose qu'une illusion idéologique à travers
laquelle le capitalisme essaie de dissimuler
sa réalité, qui est de ne se perpétuer que
dans des rapports infinitésimaux et multi-
pliés et composés entre eux. C'est un leurre
que de le percevoir comme un régime mondial de propriété économique, mais c'est ce
leurre qui nous conduit à nous opposer systématiquement au monstre énorme de la
mondialisation. Or, tant qu'on s'attaque au
monstre, le capitalisme, qui est pure dispersion (je ne dirais pas multiplicité parce que,
étant néoplatonicien, je ne peux pas penser
le multiple sans l'un), nous échappe dans
son essence. Et cette idéologie de la centralisation nous conduit également à contester

quelque chose qui est de l'ordre de ce qu'en éthologie on appelle « l'assimilation pour la survie ». Par exemple, quand l'oiseau vole et fait semblant de défendre une branche où se trouve son nid, à un moment ou à un autre, il va céder la branche pour que le prédateur fonde dessus, seulement, ce n'était pas la branche où se trouvait son nid, c'était un leurre... Le capitalisme agit de la même façon que l'oiseau, sans que personne ne l'ait décidé. Le capitalisme produit une espèce de chape nuageuse qui couvre sa réalité de dispersion sous les formes d'une grande centralisation de lieux, de pouvoirs, que nous ne cessons pas d'attaquer depuis un siècle et demi, pour mieux se rendre compte que ces lieux de pouvoir sont des lieux de pouvoir dans lesquels, d'une façon inexplicable pour les révolutionnaires, on assisterait à un spectacle de marionnettes sans même connaître les lieux d'où les ficelles sont tirées. Les hommes prennent ces lieux de pouvoir, et tout à coup, c'est comme s'ils étaient hantés par un fonctionnement qui les surdétermine absolument et dont ils ne savent rien.

Je pense à nouveau à Rosa Luxemburg disant à Lénine : si tu continues dans cette voie, tu seras piégé. Elle avait raison, non seulement il s'est fait piéger, mais avec lui la révolution tout entière ! Parce qu'il a décidé : ici, maintenant, c'est la révolution. Or, le peuple des révolutionnaires n'entre pas dans une histoire vierge. La révolution est un processus lent et complexe qui était en train d'advenir, elle n'allait pas survenir d'un jour à l'autre en se cristallisant autour de la prise du pouvoir. Au contraire, la confusion du processus avec la prise du pouvoir la condamnait. La condamnait à subir immédiatement la répression du processus, sa mise en forme, sa mise en normes.

Quand les sandinistes occupèrent le pouvoir au Nicaragua et qu'ils commencèrent à dériver gravement, par exemple, ce qui est impossible en Amérique latine, ils trouvèrent de bonnes raisons d'État pour conduire des attaques militaires et tuer des Indiens de la nation Mesquitos. Aujourd'hui, en Amérique latine, celui qui continue à massacrer les Indiens, quelle que soit la raison qu'il invoque, se place immédiatement du côté de ceux qui, il y a cinq cents ans, ont massacré les nations indiennes. Et aucune raison d'État n'est admissible, encore moins une raison d'État soi-disant révolutionnaire ! Les gens ont vu que, parce que l'époque était déjà autre, ils ne pouvaient faire comme cela s'était passé en URSS, c'est-à-dire justifier des massacres au nom de la révolution. Tout le monde a prétendu que les sandinistes avaient trahi, même s'il fut difficile aux militants de constater cela (un peu plus de temps qu'aux non-militants, mais il s'agissait de « militants tristes »), les « petits pères des peuples », ceux qui veulent faire la joie du peuple malgré le peuple. Souvent, les révolutionnaires prennent le pouvoir et se trouvent dans un faisceau de surdétermination contre lequel ils ne peuvent rien faire ; et ils n'ont même pas la possibilité de dire : « Attention, là, je suis piégé, mais la révolution, elle, passe ailleurs. » C'est un peu, d'une façon concrète, ce que disent, ou devraient en tout cas dire, les écologistes aux militants quand ils sont aux postes de gouvernement : « Si vous voulez obtenir quelque chose, il faut vous mobiliser. » C'est bien d'avoir un pied dans le pouvoir, dans la gestion, mais si vous voulez ceci ou cela, mobilisez-vous, ne me demandez rien à moi, je ne peux que suivre fidèlement, beaucoup mieux que si j'étais un RPR, UDF, PC ou PS, vos vouloirs, vos désirs, vos gestes, mais je ne peux pas être le moteur, le moteur, c'est vous.

Et j'ai constaté que lorsqu'elles occupent des postes de gestion (qu'à tort on appelle des postes de pouvoir), les camarades femmes avaient souvent ce discours-là : « Le moteur, c'est vous, nous, on ne peut que répercuter ce qui vient de vous dans la sphère de la gestion et des lois. » Ce qui est la stricte vérité, et la stricte radicalité. C'est un peu l'héritage de la lutte féministe, qui n'a jamais considéré que son objectif était le pouvoir, qui a toujours su que la puissance ne résidait pas dans les lieux du pouvoir, que ces lieux de gestion/pouvoir servaient, dans le meilleur des cas, à accompagner le mouvement réel de la société et, de ce fait, à empêcher que les réactionnaires les occupent.

Le pouvoir est justement cette illusion, ce simulacre de centralisation grâce auquel la dispersion capitaliste dissimule sa véritable nature. Tout se passe comme l'a écrit Guy Debord, le capitalisme réunit les séparés, en tant que séparés. C'est la raison pour laquelle je respecte le capitalisme, parce qu'il se manifeste dans cette dispersion tous azimuts des objets, des savoirs, des pouvoirs, et qu'on ne peut lutter contre lui que si l'on s'adonne à des pratiques concrètes, dans des situations concrètes.

Il y a la question du pouvoir. Quelle place occupe la gestion de l'État dans votre vision ?

Pouvoir et puissance, gestion et politique : la relation entre ces termes pourrait être comparée à celle qui unit par exemple ceux de justice et liberté. La liberté est un acte pur, jamais un état, comme état de la situation. Par contre, il existe des niveaux de justice différents, souhaités ou souhaitables, mais qui n'épuisent jamais l'élan de liberté qui les a fondés. Des poussées de liberté rendent possibles des formes de justice qui en marquent pour ainsi dire les acquis. De la même façon, politique et gestion sont deux métiers liés mais différents, comme ceux, par exemple, du peintre et du directeur de musée. Le travail du premier est de développer son art. Le deuxième tente d'administrer ces évolutions. De même, la gestion atteindra un niveau plus ou moins démocratique, progressiste selon la force avec laquelle la puissance se manifestera.

La question du pouvoir et la question de la gestion sont des pratiques de plus. Au Brésil, cette mouvance (qui est en même temps la nôtre : celle des Indiens sans terre, des étudiants, des travailleurs, des voisins qui s'organisent en grandes et petites cités) forme un mouvement d'une grande ampleur quantitativement. Alors, face à ce développement d'une telle puissance se posent pour certains secteurs de ces mouvements la question et la possibilité de devenir un parti. Il y a deux tendances : la première consiste à dire que s'occuper de la gestion est un des éléments de plus dans la multiplicité et qu'il faut l'assumer comme telle. Autrement dit : pourquoi ne pas détenir une part du mouvement qui occupe les lieux de gestion/pouvoir, sachant que de toute manière le « moteur » se trouve dans la base, et que les gens qui s'occuperont de la gestion le feront pour accompagner ce mouvement, et non pour « le mettre en forme, le mettre en normes » impuissantes.

La seconde possibilité, négative, va affirmer que l'élan populaire qui a porté ces mouvements, la puissance (que nous appelons, nous, la politique, en abandonnant la vieille conception qui assimile la gestion à la politique) doit laisser la place au moteur politique classique représentatif et partisan dans et à partir de la gestion et du pouvoir. Le capitalisme tend à tout phagocyter, y compris ses ennemis, en en faisant des alliés malgré eux. Les idéologues deviennent des gestionnaires de projets et, presque à leur insu, commencent à tenir le discours de l'utilité en le normalisant. Il y a une radicalité qui est complètement perdue dans ce type de processus. On les voit gestionnaires et politiciens, dix ans plus tard, avec un discours en béton armé ; et ces gens-là n'auront jamais l'impression d'avoir retourné leur veste !

Comme dans la nouvelle de Sartre *L'Engrenage*, la première chose que dit celui

218

qui assume le pouvoir au nom du peuple est « patience, pour le moment, nous ne pouvons pas... ». Nous ne pouvons pas, alors espérez, voilà quelle devrait être la devise de ceux qui, paradoxalement, se réclament du pouvoir, et qu'au vu de son impuissance notoire nous préférons appeler « gestion ».

Il y a deux éléments à prendre en compte : l'un, fondamental, que nous avons produit dans le collectif « Malgré tout » et qui a beaucoup aidé le mouvement vers la nouvelle radicalité en Argentine, tente de traduire en termes concrets la différenciation entre politique et gestion. Gestion et justice correspondent toujours à des niveaux d'organisation de la société telle qu'elle existe aujourd'hui. La liberté, comme la politique (dans notre acception du terme), se situe du côté d'une puissance qui ne peut pas être identifiée à un quelconque élément de fixité ; c'est un pur devenir, un « agir ».

La gestion, c'est l'organisation d'un niveau de développement de la société. Si nous prenons l'exemple du mouvement d'émancipation des femmes, nous observons qu'elles ont d'abord exigé d'être autorisées à parler, tout simplement, puis elles ont exigé le droit de voter, d'étudier, etc. À un moment donné, nous pouvons examiner le point que nous avons atteint à travers la lutte des femmes, et la gestion de l'état réel de la situation va commencer à se poser. C'est-à-dire que les lois changent, qu'apparaissent des modifications concrètes dans les structures et les institutions ; ainsi, ce n'est pas le gestionnaire à partir de son « pouvoir » qui décide d'octroyer généreusement ou pas quelque chose aux femmes. Les choix que le gestionnaire a à faire sont des choix qui s'imposent une fois que la lutte politique exige et y parvient.

Ensuite et à la fois, le mouvement politique comme mouvement de la puissance et de la liberté pourra se poursuivre ou non. Soit il continue, et le niveau de gestion antérieur sera remis en cause encore une fois pour aller un peu plus loin, soit, comme cela se passe quelquefois, les choses s'arrêtent à ce niveau, ou tout du moins s'arrêtent pendant un temps.

Le gestionnaire avalise l'état de fait que la politique, en luttant pour la liberté, a obtenu. C'est un niveau de justice nouveau qui peut alors s'établir. Ce qui hier était tolérable dans un certain niveau de gestion et de justice devient intolérable aujourd'hui. Et quand les réformes politiques s'imposent et triomphent, elles changent la réalité, et la gestion avalise ces décisions à travers des pratiques et des lois. Les gestionnaires peuvent aller dans un sens ou dans l'autre, il y a une marge de manœuvre dans la gestion, mais un seuil est atteint (par exemple, la légalisation de la pilule). Ce niveau de gestion auquel on a abouti sera ensuite questionné par l'avortement, qui apparaît comme la nouvelle bannière de la lutte pour la liberté dont l'essence, cependant, n'est détenue par aucun slogan, aucune bannière.

Les mêmes personnes qui voulaient gérer la réussite de la lutte des femmes sont celles qui vont s'opposer au mouvement des femmes : nous, nous gérons la pilule, mais si vous avortez, vous risquez la prison. Et comme toujours dans les niveaux de gestion, il y a des progressistes et des réactionnaires. Mais le niveau de gestion a une marge de manœuvre marquée par le point d'arrêt du politique, et quand le mouvement réel de la société continue, il y a un moment où ce même niveau de justice va freiner les ambitions de justice. Les femmes ne disaient pas : « je veux avorter », mais plutôt : « nous désirons que l'avortement soit légal et remboursé ». L'avortement n'est plus une cause politique de liberté philosophique, mais bien une affaire de justice sociale et de gestion.

Ce sont deux niveaux, deux dimensions qui s'articulent : politique/puissance et gestion/pouvoir, sans qu'en aucun cas l'un puisse se passer de l'autre et sans qu'aucun des deux ne soit l'objectif de l'autre.

Nous nous situons ici face à un nouveau seuil d'organisation sociale de gestion. La politique, c'est ce qui ne reste jamais cristallisé dans les acquis. Si, à partir du pouvoir, il s'agit de revenir en arrière, alors ces acquis légaux redeviennent des enjeux politiques, nous pouvons repolitiser des points de gestion quand ces acquis sont remis en question par le contexte social ou politique.

Aujourd'hui, en France, on peut dire que la loi antiraciste est une loi très politique, mais qu'elle n'est pas encore « refroidie » ; elle n'est pas tout à fait entrée dans le domaine de la gestion. C'est un point de gestion, puisque la loi a marqué une avancée décisive dans ce domaine, mais cependant, cette loi n'est pas encore tout à fait de la gestion, parce que les attaques qui l'assaillent la rendent vulnérable. Il existe, par exemple, des dizaines de milliers d'endroits, certaines usines, certaines banlieues, certains lieux publics, où s'exerce une discrimination, un « délit de sale gueule ». Si nous pouvons, à dessein de compréhension des mouvements sociaux, dire qu'il y a une différenciation qualitative entre gestion (gérer ce que la société a acquis) et politique (ce désir qui ne se cristallise dans aucun acquis), on peut dire aussi qu'il y a des lieux où ces acquis restent encore un lieu de litige.

En définitive, je crois qu'il existe pour le moment ce que nous pourrions appeler un « mal entendu ». En effet, les gens croient que quand nous parlons d'abandonner les objectifs du pouvoir, sans pour autant oublier que ce pouvoir existe comme pouvoir de gestion et aussi comme pouvoir de répression, les gens entendent quelque chose qui les fait penser à un renoncement, à un pessimisme radical de notre part. En réalité, ce n'est pas du tout le cas ! C'est même exactement le contraire, abandonner « les objectifs du pouvoir », c'est abandonner finalement l'impuissance dans le combat, c'est nous centrer sur la puissance et le devenir, c'est renoncer à une illusion, non au pouvoir. C'est pourquoi nous devons comprendre comment fonctionne ce dispositif gestion/politique, pour ne pas risquer de déclarer que l'un ou l'autre est mauvais, pour ne pas continuer à nous tromper, et ainsi être conduits à l'impuissance.

La peine de mort aux États-Unis est l'illustration dramatique de cette tension entre gestion et politique. Dans les États où la peine de mort a été abolie, on peut dire que la loi abolitionniste est une loi politique, parce qu'elle est encore en litige. Et pourtant, c'est déjà passé dans les textes. Mais il ne suffit pas qu'il y ait un texte de loi pour qu'une lutte politique devienne gestion.

Une chose encore. Dans un livre que j'ai écrit en 1986, où je critiquais l'idéologie du droit-de-l'hommisme à une époque où ceci était mal vu, je ne comptais qu'avec l'appui de François Gèze pour continuer dans ce sens-là. Or, dans ce travail, j'avançais l'hypothèse que l'État n'est pas simplement une somme d'appareils idéologiques ou répressifs, mais qu'il remplit dans les sociétés à grande densité démographique, et dans cette époque qu'on appelle celle de l'homme, le rôle d'un véritable tiers symbolique. Or, aujourd'hui, j'ajouterais quelque chose : l'État n'est pas simplement le lieu de la gestion, mais il a aussi à jouer ce rôle de tiers symbolique qui consiste à garder une place vide, celle de la loi, non pas les lois du code mais la loi ontologique. En effet, il existe dans les sociétés d'État de droit la nécessité de cette place vide, centrale, qui est celle ne pouvant pas être occupée par quelqu'un, autrement dit, les « quelqu'un », les hommes, agissent donc au nom de la loi, au nom de l'État, mais pour que l'État continue à être un État de droit, nul ne doit incarner cette loi-là. C'est toute une dynamique assez délicate qui exige que les hommes puissent s'absenter d'eux-mêmes pour assumer certaines fonctions. Après tout, nous pouvons faire le parallèle avec la fonction symbolique du père et de la mère. Le bonhomme ou la bonne femme qui occupe cette fonction est tenu de ne pas jouir de son rôle, de ne pas se confondre avec lui. Cette distance, cette asymétrie est indispensable pour que la culture et la société existent. Nous sommes là, toi mon fils et moi ton père, nous sommes deux mammifères, mais entre nous il n'y a pas de symétrie, et ceci non pas parce que je suis qualitativement supérieur, mais parce que nos rapports sont structurés par des asymétries agencées. Il est ainsi important de voir que dans l'État, la gestion ne saurait occuper toute la place. Certaines personnes critiquent mes positions par rapport à l'État, mais je voudrais être clair : quand je définis ce que je viens d'esquisser par rapport à l'État, je ne définis pas là un programme qui me plaît, ce n'est pas un caprice, mais l'analyse du fonctionnement de l'agencement des structures sociales dans nos pays.

Le point d'articulation entre gestion et politique, tel que vous le décrivez, redéfinit la figure du militant aujourd'hui.

C'est pour nous un véritable tournant dans la pratique d'émancipation des peuples. La liberté ne se cristallise pas dans un niveau de justice, la justice s'engage sur plusieurs plans en même temps, la liberté est un mouvement. On peut dire que la libération d'un peuple, d'une colonie, est une cause juste, et qu'y parvenir est juste. Dans toute la modernité révolutionnaire, nous avons considéré l'acquis révolutionnaire ou l'acquis progressiste comme la cristallisation du moteur désirant de liberté qui s'était mis en route pour l'obtenir. En

Union soviétique, en Chine, à Cuba, on luttait pour obtenir tel système politique, telle libération, mais une fois qu'on l'avait obtenu, les nouveaux dirigeants disaient : ici, l'État, c'est l'« État de la liberté », donc tous ceux qui s'y opposent sont liberticides.

Le « maître libérateur » peut faire tout et n'importe quoi contre les dissidents, car, comme il était dit dans le cas de la psychiatrie soviétique, les dissidents ne peuvent être que « fous », puisqu'ils s'opposent à un État « bon ». Puisque la fameuse « schizophrénie torpide », qui était une catégorie de schizophrénie a-symptomatique, se caractérisait par le fait de contester l'ordre social soviétique... Ainsi, on voit bien ce qui se passe quand la parole du dissident n'a plus la catégorie d'une parole, autrement dit quand la liberté s'identifie à l'État.

Quelqu'un qui va à l'encontre de la liberté (représentée en l'occurrence par l'État) ne peut être qu'un « malade ». Le tour de passe-passe réside en ceci que la répression et les massacres faits par les États dits « communistes », dits « ouvriers », sont armés d'une violence qui ne connaît plus aucun frein. Parce que si « je suis la liberté », et que quiconque s'attaque à moi s'attaque à la liberté, alors je peux tout me permettre, ce qu'ils ont d'ailleurs fait. Pour nous, ceci est une des causes fondamentales à l'origine de l'échec de beaucoup de mouvements révolutionnaires... Alors, effectivement, il y a un apprentissage populaire des gens qui désinvestissent les mouvements révolutionnaires, le mouvement aboutissant dès lors à son contraire : c'est la ferme des animaux d'Orwell.

Ce sont quelques-uns des points à partir desquels commence à exister, à se développer cette contre-offensive populaire un peu partout dans le monde. Tout se passe comme si les expériences révolutionnaires et populaires s'étaient pensées, élaborées dans le rêve des peuples, et qu'aujourd'hui nous assistions à l'émergence de nouveaux types de luttes, de nouveaux types d'organisation de la lutte et de ses objectifs.

Cette contre-offensive, qui vient après des années de récession et de tristesse, est donc simplement un retour des luttes, ce n'est pas une réaction à un désastre face à un monde trop dur pour tout le monde, non, pas du tout.

Ceci me paraît fondamental, la contre-offensive n'est pas simplement le fait que les gens se révoltent. Le plus important, c'est que les formes, les hypothèses sont réellement neuves. Par exemple, le principe de multiplicité, la multiplicité des résistances, des situations de résistance, est fondamental, dans la mesure où ce n'est plus la figure du militant qui voyait dans chaque situation un symptôme au nom duquel il s'autoproclamait « vengeur ». Ce militant que je qualifie de « militant triste », c'est le militant de ce qu'on pourrait appeler « la cohérence exagérée ». En effet, cet homme voyait toujours dans les situations concrètes un universel abstrait. C'est ainsi que lorsque dans un quartier se développait un projet éducatif communautaire, immédiatement ce militant voulait l'articuler avec d'autres luttes, avec d'autres situations, non pas pour le potentialiser, mais parce qu'il pensait que pour être cohérent, tout projet devait être articulé à un universel abstrait. De cette manière, les gens se sentaient avec justesse dépossédés de ce qui était leur réalité. Cette cohérence exagérée est celle qui leur fait dire par exemple que si tu luttes pour une école alternative, tu es contre le système, ce qui est vrai, mais ensuite, tout s'y agrège, il faudra t'unir à la lutte ouvrière de telle ou telle entreprise et aux paysans de telle autre, et tout ceci sous la direction d'une avant-garde qui, comme elle ne voit que la totalité, efface les parties...

Nous, nous pensons qu'il faut développer les situations de résistance de manière qu'elles puissent en même temps composer avec d'autres situations. Seulement voilà, composer est ici opposé à articuler, parce que composer est un mouvement issu de la base réelle, qui crée des liens, qui capitalise des expériences, qui développe des potentialités, alors que l'articulation est une réunion qui maintient dans son rêve la dispersion. Ceci et d'autres choses font l'essence de la contre-offensive.

Vous venez de publier un livre : Du contre-pouvoir. *C'est un mot que vous aimez particulièrement. En quel sens l'entendez-vous ?*

La nouvelle radicalité, dont nous parlions tout à l'heure, se développe aujourd'hui un peu partout, et, comme souvent, les protagonistes qui sont au cœur de l'événement peinent à théoriser ce qu'ils sont en train de vivre. Les axes centraux passent par une politique de la puissance, dont l'objectif central n'est plus – enfin – la prise du pouvoir, la volonté de s'accaparer la gestion.

Je voudrais aussi expliquer pourquoi je parle d'une contre-offensive. Dans les années 70 s'est fermée une longue phase de soixante ans de lutte révolutionnaire, axée sur l'hypothèse théorique et pratique que l'objectif était la prise du pouvoir, c'est-à-dire la gestion. Une quinzaine d'années de reniement suivirent cette période, la post-modernité dont nous parlions. Or, cette période n'a pas pu éliminer l'élan de vie, de liberté, qui cherchait de nouvelles voies. D'une façon un peu symbolique, je situe le début de la contre-offensive internationale au 1er janvier 1994, quand les zappatistes occupèrent Las Casas, au Chiapas. Des mouvements révolutionnaires d'Indiens sans terre, de sans-logis, de sans-papiers, mais surtout une subjectivité anticapitaliste de plus en plus répandue ont émergé un peu partout dans le monde. Le collectif « Malgré tout », le Réseau de résistance alternative, le groupe guévariste El mate en Argentine, et d'autres qui ont intégré ce réseau, font partie de cette multiple contre-offensive.

Vous semblez faire peu de cas, cependant, de cette valeur à laquelle le capitalisme sacrifie tout : l'efficacité (efficiency). Elle est une valeur inquestionnable qui justifie

les prises de pouvoir et les actes les plus
brutaux.

Peser chaque chose à l'aune du résultat qu'on en escompte, de la rentabilité qu'on lui suppose, cet utilitarisme forcené, est une pensée qui n'a pas de sens en dehors du monde capitaliste et qui a complètement noyauté la contestation. Nous en trouvons la critique chez Plotin dans *Les Ennéades* : « L'efficacité de l'acte est dans l'acte lui-même. »

Quel est le résultat d'une vie ? d'un amour ? Ce moment de refondation d'une contre-offensive dans laquelle nous sommes et dont je ne suis ni l'auteur ni le sujet, mais à laquelle je participe, s'ancre dans ce que nous avons compris en prison, à savoir que la pensée en termes de résultats est une pensée de l'évitement et de l'oubli du vrai enjeu. Si le résultat final, comme l'écrivait Lyotard, est la certitude que le soleil va exploser dans quelques milliards d'années, alors pourquoi accepterions-nous de nous soumettre à une quelconque tyrannie de l'avenir ? Cet évitement de l'éternité qui se trouve entre les secondes de la montre fonde la construction de l'oubli. Le fait de savoir que nous allons mourir ne peut être d'aucun secours. La question est : quand et comment la vie se met-elle à composer, et quand a-t-on rapport à l'éternité ? C'est ce que notre société ne peut pas comprendre.

Ce qui existe dans une situation, ce sont des histoires singulières en devenir, ce sont des modes de l'être qui se développent. Et ce développement est d'autant plus riche qu'il compose en tant que multiplicité. Il n'existe pas une singularité nommable, parce que du moment où on la nomme, on la manque, on ne peut que constater un devenir singulier... Le garçon de café n'est pas seulement un garçon de café : dès le moment où on le définit, on le loupe... Il ne peut pas y avoir une taxinomie des singularités, on peut seulement les nommer, tout en sachant que cette tentative de définition fait encore partie de la singularité.

Faut-il rétablir l'utopie, autrement dit le « non-lieu », comme espace politique commun ? Et penser l'utopie ici et maintenant ?

Il y a un écrivain, Landauer, un révolutionnaire allemand fusillé en 1917, qui a écrit un seul livre : *La Révolution*, où l'on trouve ceci : dans le mot « utopie », dit-il, il faut dissocier le mot en disant u-topie (négation de lieu) ; toute lutte part d'une u-topie, d'une négation du *topos*, de la gestion de ce qui existe, pour arriver à un autre *topos* qui n'est pas l'utopie, parce que l'utopie est ce mouvement sans cesse désirant, sans cesse libertaire dans lequel effectivement « aucun *topos* n'est l'utopie ».

Je reviens sur le fait que, nous le savons bien, pour ce courant révolutionnaire, celui de Landauer ou de Rosa Luxemburg – mais aussi celui d'une myriade de camarades –, la lutte pour la liberté ne peut pas se cristalliser dans une loi, un régime ou un système. L'utopie n'est pas un mouvement idéaliste, donc il doit produire des acquis à partir de changements effectifs, mais aucun changement n'est *toute* la liberté. Or, ce courant révolutionnaire fut pendant plusieurs années une tendance minoritaire non représentée dans les mouvements révolutionnaires de la modernité. Nous pouvons faire le parallèle avec l'amour, et dire : il n'y a pas d'« état amoureux », de gestion d'un point d'arrêt, il n'y a que des actes d'amour. C'est la phrase amoureuse d'Héloïse (pas de Lacan), je te demande de refuser ce que je t'offre parce que « ce n'est pas ça ». Et pourtant, nous ne pouvons pas nous passer de ce « ça » là... Si je t'offre un bouquet, c'est celui-là qui représente l'amour mais si je dis : tu as eu ton bouquet, que veux-tu de plus ? Si je pressens que mon contrat de mariage, ma maison, le bouquet sont la cristallisation de l'amour, cela ne fera que tuer l'amour. Il n'existe que des actes d'amour, pas d'état amoureux. C'est exactement ce que cela veut dire.

Il nous faut comprendre que la politique et la liberté sont actes purs qui ont pour vocation de produire de l'acquis, mais que les changements, aussi nécessaires soient-ils, sont une condition nécessaire mais pas suffisante de ce devenir. J'insiste beaucoup sur les acquis, parce que je me départage d'une part du marxisme classique qui va identifier ces acquis avec la puissance, mais je me départage aussi de la tendance idéaliste, radicale nihiliste, dans laquelle les acquis sont traités comme des événements dérisoires.

Si, pour Foucault, le pouvoir, ce sont les relations, il y a une microphysique du pouvoir et une macrophysique du pouvoir, le pouvoir, concrètement, est la représentation de ces différents niveaux de rapports, et non pas le rapport lui-même.

Je pense que Foucault, comme beaucoup d'Européens, malheureusement, parle davantage à partir d'expériences tacites qui intoxiquent ses théories, et non à partir des véritables possibilités du réel. Il est vrai que le pouvoir prend toujours le pas, à un moment donné, sur la puissance... C'est un mouvement permanent, il n'y a d'Ithaque que le chemin vers Ithaque... Si demain, en Argentine, il n'y a plus un seul enfant dans les rues en train de se prostituer, de se faire voler son sang, ses organes, sa moelle épinière, ses rétines, s'il n'y a plus un seul enfant à qui cela arrive, parce qu'une loi pourra garantir la création d'institutions qui protégeront l'enfance, effectivement l'élan libertaire très beau de cette lutte disparaîtra, et il restera cet acquis, qui pour nous tous est parfait !

Les relations économiques d'oppression, les armées répressives, les troupes américaines sont bien réelles, mais pour ma part l'inévitable situation d'affrontement violent n'est qu'une situation anticapitaliste, mais pas la plus importante. Au contraire, l'essentiel est la manière dont nous nous sommes vus tomber dans le piège.

Il n'y pas de primat de la liberté au sens où l'entendent les individualistes pour qui

l'État est en puissance toujours liberticide..
Proclus, Damascius, Leibniz, Spinoza partageaient cette conception selon laquelle la liberté n'est pas le libre arbitre de l'individu. On me dit souvent : tu penses de cette manière parce que tu es militant argentin, je réponds que je pense alors comme le « commandant Proclus », pour qui l'idée de liberté n'était qu'un mot, ou comme Raymond Lulle, qui pense aussi que la liberté n'est finalement qu'un mot, elle n'est pas pour ainsi dire « libre ». La liberté, c'est adhérer pratiquement et développer les tendances qui composent l'être, c'est assumer le défi dans chaque situation.

La liberté n'est pas quelque chose dont on puisse jouir individuellement, comme le disent les néoplatoniciens. La liberté n'est pas le libre arbitre, la liberté ne finit pas où commence la liberté de l'autre, elle se potentialise avec la liberté de l'autre, elle n'existe que dans cette composition.

Pour être clair avec ce principe bourgeois, non seulement la liberté ne s'achève pas là où commence celle de l'autre, mais la liberté commence avec celle des autres. La liberté n'est pas autre chose que le nom que prend un défi. Personne ne peut « être libre », comme l'écrivait Deleuze, on ne peut qu'être dans des devenirs de libération de la situation, mais pas « être libre ».

Donc, de notre côté, fidèles à notre tradition de contre-pouvoir, de contre-culture, nous disons finalement que la lutte pour le communisme, pour la solidarité, pour la justice n'est, à la limite, anticapitaliste que de surcroît. Cela ne nous intéresse pas de savoir si une action est anticapitaliste, mais de savoir si, dans un geste d'auto-affirmation, une telle action va vers un plus de solidarité, de communisme, de création : un plus d'amour. On peut donner un exemple concernant la taxe Tobin, défendue par le groupe Attac. Ses membres soutiennent que, pour aider concrètement les gens, il faudrait déjà commencer par créer une taxe qui n'est pas purement réformiste, disent-ils, mais qui est aussi une cause révolutionnaire, pour montrer qu'il n'est pas impossible de répartir les richesses. Donc, montrons comment nous pouvons commencer à répartir ces richesses. C'est un acte concret, qui est un acte de solidarité. Il pourrait être très mauvais, et il sera très bon, parce que les gens pourront dire : regarde ce qu'ils ont déjà fait, nous, nous pourrions faire mieux. Alors viennent les trotskistes français, Arlette Laguiller et Krivine qui, pour des raisons idéologiques, bloquent la sanction de la taxe Tobin au Parlement européen. Ils ont voté contre ! Voilà un exemple d'universel abstrait : ils disent que la taxe Tobin est un remaniement du capitalisme et qu'ils sont donc anticapitalistes. Nous voyons là concrètement en quoi la nouvelle radicalité se démarque de l'idéologie de ce type où, au nom d'un universel abstrait, on empêche la réalisation d'un vrai mouvement issu des êtres eux-mêmes.

À partir du moment où la vie en société est virtualisée selon un modèle idéal, en posant la question sur le terrain de l'universel abstrait et pour des raisons idéologiques... rien ne peut commencer à se faire concrètement. À l'instar de ceux qui voulaient éliminer « le mal », l'un veut éliminer la torture et l'autre, le capitalisme. C'est ce que je voulais dire en affirmant que la nouvelle radicalité n'est anticapitaliste que de surcroît. Effectivement, quand je veux développer des solidarités pour créer des pratiques communistes, d'émancipation, de liberté, je vais trouver dans les pratiques quotidiennes des structures qui fonctionnent de façon capitaliste, et il y aura un affrontement, mais l'objectif n'est pas d'opposer une globalité à une autre. L'objectif est d'aller, dans chaque situation, du côté du développement de la vie et de la solidarité, et non de s'opposer à quiconque. L'anticapitalisme est inévitable, mais il s'impose de surcroît. Nous devons nous définir par un mouvement d'auto-affirmation d'une essence communiste solidaire de la vie.

Des expériences de contre-pouvoir sont-elles possibles aujourd'hui en France ?

Je pense qu'effectivement, en France, il y a une très forte possibilité de contre-offensive, à partir de l'idée que la politique et les actes militants ne consistent pas à avoir le modèle d'un monde clé en main.

La question « comment devrait être le monde ? » n'a pas de sens. La politique, la création d'un monde de liberté, de solidarité sont des choses qui existent en soi, et nous ne pouvons qu'y adhérer et les développer. Alors, de ce point de vue, il y a quelque chose qui, en France, est un véritable piège : le mode d'adhésion à l'alternative. L'alternative en Europe a hérité des pires côtés de l'époque des révolutionnaires progressistes, à savoir leur côté programmatique.

Car des expériences de contre-pouvoir existaient déjà, des pratiques vivantes, mais ce qui a subsisté de cette époque, c'est l'image du révolutionnaire disant : le monde devrait être comme ceci, pas comme ça. Apparaît aujourd'hui une subjectivité contestataire très forte qui commence à s'en rendre compte. Nous commençons à voir les années 80 comme des années idéologiques où l'on nous a fait croire à des choses qui n'étaient pas vraies. Nous assistons maintenant à une désolidarisation idéologique par rapport au capitalisme. Les gens se rendent compte qu'on licencie les ouvriers comme des objets, qu'on parque les handicapés, qu'on écrase un continent entier comme l'Afrique, qu'on ne fabrique pas tel ou tel médicament parce qu'il n'est pas rentable... Le problème reste que plus on le voit, plus le capitalisme est vacciné. Parce que en même temps, les gens constatent qu'on n'y peut rien. Le mode que prend la subjectivité critique est la recherche du bon plan, du bon maître, du bon parti. On dit : s'il y a une issue, vous pouvez compter sur moi, autrement dit, s'il y a une alternative, prévenez-moi. Comment alors sortir du désastre, de l'horreur économique ? Il faut construire un autre monde – qui est le même monde – par des pratiques.

Dans ce sens, il existe aujourd'hui en France des courants alternatifs très intéressants ; ce qui reste un défi est donc la possibilité de dépasser cette idée de l'espérance que nous propose la bonne alternative. Il existe une tradition littéraire très critique contre la société, mais ces critiques font seulement que certaines personnes se sentent « très différentes » ou « très tristes », c'est tout. Il s'agit aujourd'hui de voir de quelle manière nous pouvons déborder la société de l'individu, de quelle manière nous pouvons composer des pratiques concrètes qui dépassent la tristesse de notre société. Je crois que ceci a commencé en France, en tout cas, je participe à tout ceci avec beaucoup d'autres personnes, mais il est vrai aussi qu'il existe un problème de visibilités de ces réalités. Car c'est différent de faire quelque chose en se disant que c'est petit et de se rendre compte que ce que nous sommes en train de faire participe effectivement à l'émergence fondamentale de nouvelles voies de résistance, de création, de société et de liens.

Le monde contemporain nous dit : le capitalisme serait « idéologique » s'il ne vous en laissait pas faire la critique, or, la critique fleurit, au contraire, le système, même, provoque et appuie le développement d'une certaine « critique spectaculaire du specta cle » (Debord).

Donc, un changement paraît d'autant plus impossible puisque, si même le système est capable de fabriquer sa propre critique, c'est parce qu'il est bien indépassable. Tel est l'objectif, conscient ou non, de toutes les critiques et satires spectaculaires menées contre le système : s'aliéner la puissance de la critique pour vider le système. Le dictateur, en muselant la presse, avoue par là même qu'un changement est possible, tandis que le capitalisme triomphant, en permettant la plus grande liberté de presse, en y participant, fait passer un message terrible, qui tient en quelques mots : « Mais critiquez donc, nous sommes tous contre la maladie, sauf que la critique ne sert à rien puisque la maladie est indépassable. »

Le problème pour nous, en Occident, est donc : comment pouvons-nous faire pour que cette subjectivité contestataire, qui accouche de consciences malheureuses, puisse laisser la place à autre chose ? Or, ce ne peut être que par des pratiques multiples, puisque le monde n'est pas autre chose qu'un élément de ma situation, ce que je nomme le monde, le capitalisme, ne sont que des éléments de ma situation.

Nous assistons à une véritable production de la tristesse, de passions tristes. Nous sommes dans une époque opaque et triste où les gens ont des idées, mais où ces idées, elles, sont soutenues par des vies personnelles qui n'arrivent pas à dépasser la sérialisation individualiste.

La vie ne peut pas être quelque chose de personnel, avez-vous dit en évoquant Gilles Deleuze. Qu'est-ce que cela signifie ?

Tout à coup, les hommes et les femmes se trouvent de plus en plus condamnés à penser en termes de relations intersubjectives, leur monde devient un monde très restreint, ce qui est paradoxal parce qu'il y a l'Internet, les journaux, vingt chaînes de télévision... Ce que certains idéologues de l'individualisme, tels que Michel Maffesoli, appellent « le néotribalisme », c'est ce que nous appelons l'individu élargi. L'individu n'est pas identifié à un corps, surtout pas à une personne (c'est la multiplicité), il est identifié, dans ces nouvelles idéologies, à un groupe : le communautarisme, ou quelque autre nom qu'il porte, il garde l'idée de la sérialisation, seulement il change le mode de vie de l'atome central de l'individu qui renonce à changer la société, mais qui s'associe pour lutter mieux contre les autres.

Or, ce n'est pas parce que chacun de nous est individualiste qu'il existe des individus séparés, au contraire, il n'y a rien de plus massifiant que l'individu. La masse et l'individu sont l'avers et le revers de la même médaille. Ce que M. Maffesoli voit comme un bonheur, le néotribalisme, n'est à vrai dire pas autre chose que le découpage plus ou moins différent de ce que moi j'appelle l'individu élargi. Là où l'on pense qu'il y a dépersonnalisation, la vie devient de plus en plus pauvre, univoque.

J'oppose la personne à l'individu. La vie n'est pas individuelle. Dans notre société, on se rend compte que la frontière passe par la vie individuelle ou la multiplicité... Il existe des gens qui créent des associations d'individus, la question n'est pas « suis-je tout seul ou suis-je avec plusieurs », mais « suis-je du côté d'une multiplicité qui lutte pour la vie et contre l'utilitarisme, ou suis-je dans des associations où, en tant qu'individus, nous

nous débrouillons pour être encore plus utilitaristes dans la sérialisation »... Il y a une confusion, alors, entre les liens de solidarité qui se créent et une association entre individus qui s'unissent pour profiter mieux encore de l'utilitarisme ; c'est là que le tribalisme trouve sa vraie limite.

Une partie de la tristesse de la société est donnée par la personnalisation de la vie et des conflits dans lesquels les gens vivent. Que demandent les gens, par exemple aux analystes, aux religions, aux sectes ? Les gens ont une demande, presque toujours la même, ils vous disent : « Je ne peux pas comprendre le monde, mais au moins, dans ma vie, dans ma famille, dans mon couple, je vais essayer d'être au clair. » L'intention est bonne, mais irréalisable. Parce que, justement, abstraire nos petites affaires personnelles du reste des situations que nous vivons ne nous permet pas d'être plus clairs ni plus efficaces dans les solutions trouvées, voire, bien au contraire, crée des réalités abstraites, virtuelles, où nous ne pouvons rien faire.

La vie n'est pas quelque chose de personnel, j'insiste ! Et cela signifie qu'à l'image de la bande de Moebius, ce qui nous est le plus intime est tissé de l'universel lui-même. Contrairement à cette fausse sagesse qui abandonne les problèmes du monde pour s'occuper des siens, s'il y a bien un lieu où les êtres humains ne peuvent sûrement pas dépasser les surdéterminations, c'est dans leur vie personnelle. C'est dans les rapports affectifs et intersubjectifs que les gens sont les plus surdéterminés. La surdétermination est presque totale, saturée. Donc, l'idée de faire profil bas, ne pas lutter contre la misère dans le monde, ni pour la solidarité entre les hommes, mais plutôt de commencer à ratisser devant sa porte et être au clair dans ses rapports intersubjectifs, c'est un piège.

C'est entrer dans un tunnel sans fin, et de plus en plus obscur. Quand la vie devient une affaire personnelle, elle est, de ce fait, non gouvernable, non compréhensible, et pure opacité, et cela ne peut que provoquer une souffrance supplémentaire. La personne alors essaie de connaître des pourquoi et des comment qui ne sont pas dans la région qu'elle analyse. C'est en quelque sorte une caricature de la caverne de Platon, on essaie de corriger les ombres alors que les ficelles sont tirées de l'extérieur.

Conclusion

Dans *L'Éthique*, Spinoza écrit : « Les corps extérieurs par lesquels le corps humain a été une fois affecté, l'esprit pourra, même s'ils n'existent pas ou ne sont pas présents, les contempler pourtant comme s'ils étaient présents. » Ce que nous pouvons affirmer à notre tour, après tout, c'est que le passé est un « mode du présent », autrement dit que le présent est beaucoup plus profond, ample, pluridimensionnel que ce que notre époque fabrique, ce « présent instantané » unidimensionnel.

Ainsi, après avoir évoqué les pas d'un cheminement singulier qui, *stricto sensu*, est le mien mais aussi celui de bien d'autres, je me retrouve ici, prêt à partir après-demain une fois encore à Buenos Aires, ce « sud », mon sud qui est devenu mon « nord », mon destin. Là-bas, le fils de Patricia vient d'être retrouvé, c'est un jeune homme de dix-huit ans qui vit dans le quartier de San Miguel, à la périphérie de Buenos Aires.

Il y a de cela un mois et demi, Mariana et une autre camarade m'ont affirmé avec une quasi-certitude que ce jeune homme était le fils volé ; et il y a trois semaines, les résultats des tests ADN le confirmèrent.

Happy end ? Non. Le bébé fut volé à Patricia quelques heures après l'accouchement en 1980, et ce fut *l'un* des tortionnaires qui se l'appropria. Nous savons aujourd'hui que, dans sa perversion, cet homme a été jusqu'à emmener « Rodolfo » visiter son « lieu de travail », autrement dit le centre de torture où, entre autres, il avait torturé et peut-être tué sa mère...

Cet homme battait sa femme et son fils « adopté-volé », tant et si bien qu'un jour, sa femme décida de vivre seule avec l'enfant, dont elle savait l'histoire, complice et victime de cet homme dont elle eut à souffrir.

Maintenant, il leur faudra aller ensemble au procès, et c'est douloureux pour Rodolfo – qui a été rebaptisé « Guillermo » –, qui voulait protéger cette femme.

Comment vivre avec cette histoire ? Que faire de tout cela ?

Ce voyage est tout à la fois un voyage de militant, comme tous les autres ; il faut occuper des terres, parler aux étudiants, aux intellectuels, voyager, aller aux réunions de travail. Mais maintenant aussi : Rodolfo est là-bas.

Le jour où j'ai eu la confirmation du test ADN, j'ai pensé à Patricia, à l'angoisse sans nom qu'elle a dû ressentir pour le destin de son fils, sachant qu'elle allait être tuée quelques heures après l'avoir mis au monde. Elle ets morte sous la torture, son corps fut probablement jeté dans le fleuve depuis l'avion ou bien Dieu sait ce qui s'est passé. Mais elle avait laissé à moi et à sa fille Marianna comme un message à notre intention, que nous cherchions ce fils volé Alors seulement, cette mort inachevée (comme on le dirait d'une vie), son « âme en peine » pourrait se reposer en paix.

C'est la raison pour laquelle, depuis ce jour, j'ai ressenti en même temps que quelque chose s'éloignait, que Patricia me quittait pour de bon, me laissant une fois de plus avec les doutes, les peurs et les joies, essayant de continuer ce chemin que nous avions commencé ensemble.

Ce n'est pas que je me sente coupable, la culpabilité est un piège. Comme on peut le voir dans la psychanalyse, la culpabilité est intérieure à la névrose, qui fonctionne dans l'impuissance. Le problème est que la culpabilité et la responsabilité recouvrent les mêmes objets, mais avec des fondations et des conséquences opposées. Si la culpabilité tourne à vide, la responsabilité en revanche nous permet d'assumer la situation.

Nos contemporains croient qu'être libre, consiste à exercer son libre arbitre, dans une vie, qui enfin débarrassée des entraves de la culpabilité, le serait du même coup de tout « devoir-faire », de toute responsabilité.

En réalité, être libre, c'est assumer tout le poids d'un destin – sans pour autant l'avoir choisi, bien entendu, je suis responsable de mon histoire.

Par ce petit livre, j'ai ainsi désiré montrer la joyeuse possibilité de construire et imaginer des pratiques concrètes, qui nous permettent de surmonter cet ordre social fondé sur la terrible figure de l'individu sérialisé.

Il s'agit de lutter contre la tristesse qui gagne tant de terrain, mais lutter pour et avec la joie de la vie. Dans ce cheminement, nous sommes beaucoup, il est important de le savoir. Je finis ce texte à un moment complexe. Il y a une semaine, en Argentine, on a privatisé la médecine... Mais en même temps, des expériences de contre-pouvoirs se multiplient, comme Porto Alegre au Brésil. En France, les gens veulent continuer ce que fut l'expérience de Millau par d'autres expériences, un peu partout. Il se joue là quelque chose de très important. Pendant vingt ans, le « sérieux » était du côté des banquiers et des marchands, qui présentaient les impératifs et l'ordre économiques comme inévitables.

Aujourd'hui, le sérieux est en train de changer de camp. L'horreur seule surgit de cet horizon, qui nous était désigné comme indépassable. Le seul sérieux, désormais, consiste à tenter de la dépasser par une multitude de projets. Des gens que j'admire et respecte, que j'aime, sont à mes côtés dans cette belle aventure. Et je vais finir ce petit travail en remerciant Florence Aubenas et en lui disant toute mon affection sans laquelle ce livre n'aurait pas existé.

Paris, octobre 2000

Table des matières

Photocomposition Nord Compo
Villeneuve-d'Ascq

Cet ouvrage a été imprimé par la
SOCIÉTÉ NOUVELLE FIRMIN-DIDOT
Mesnil-sur-l'Estrée
pour le compte des Éditions Calmann-Lévy
3, rue Auber, Paris 9ᵉ
en octobre 2001

Imprimé en France
Dépôt légal : novembre 2001
N° d'édition : 13249/02 - N° d'impression : 57551